KB244386

거룩한 전쟁

거룩한 전쟁

지은이 · 주경로
초판 1쇄 찍은날 · 2001년 4월 17일
초판 1쇄 펴낸날 · 2001년 4월 24일
펴낸이 · 김승태
편집 · 이상윤
표지디자인 · 임성택
등록번호 · 제2-1349호(1992. 3. 31)
펴낸곳 · 예영커뮤니케이션
　　　　110-616 서울 광화문 우체국 사서함 1661
　　　　출판유통사업부 T. (02)830-8566 F. (02)830-8567 E-mail: jeyoungsales@chollian.net
　　　　출판사업부 T. (02)2264-7211 F. (02)2264-7214 E-mail: jeyoungedit@chollian.net

ⓒ 주경로, 2001

ISBN 89-8350-208-8　03230

값 5,800원

■ 잘못 만들어진 책은 언제든지 교환해 드립니다

거룩한 전쟁

주경로 지음

예영커뮤니케이션

추천의 글

인류는 항상 평화를 원했지만 역사가 시작된 이래 세계 곳곳에서는 전쟁이 그치지 않았습니다. "전쟁은 영토 확장이나 국가의 영향력 확대를 위한 무력 충돌이다"라는 클라우제비츠의 말처럼 민족, 국가, 또는 부족간의 전쟁은 항상 처절한 상처를 남기곤 하였습니다. 역사의 기록을 보면 전쟁의 승패는 곧 특정한 민족의 패망과 역사적인 전환점이 되고 있습니다.

우리 나라는 지난 50여 년동안 남북간 군사적 대치를 하고 있으면서 세계 유일의 분단국가라는 아픈 상저를 삿고 있습니다. 시난 만세기 동안 남북 간의 극한 대립과 긴장이 고조될 때마다 우리를 짓누르는 압박감을 감출 수가 없었습니다. 그러나 지난 해 남북정상회담이 열리면서 평화 통일에 대한 우리 민족의 기대가 높아지고 있습니다.

하지만 현재 우리는 지금 누리고 있는 평화를 지키기 위해서 육해공 전 군에 대하여 투철한 군인정신을 강조하여 철통 같은 국토 방위에 힘쓰고 있습니다.

마침 제3사관학교를 졸업하고 20여 년동안 현역에서 지휘관으로 복무한 바 있는 주경로 목사께서 전쟁 상황에서 군인들이 직면할 수 있는 상황 판단의 기초가 될 수 있는 윤리적인 문제들과 '전쟁론'에 대한 기독교적인 평가, 그리고 구약 성경에 나오는 유명한 전쟁을 영적으로 분석한 내용을 담은 『거룩한 전쟁』이라는 책을 펴내게 되었습니다.

저자는 자신이 군생활을 할 때 신앙인으로서 가졌던 의문점들을 풀어가면서 전쟁에 대해 기독교적으로 바른 시각을 제공해 주고 있습니다. 이 책은 우리가 군에서 다루고 있는 일반적인 전술 전략과는 색다른 면이 있습니다. 그러나 현대전에서 종교가 병사들의 사기에 커다란 영향을 미친다는 점을 감안할 때, 신앙을 가진 장교나 사병들이 한 번 꼭 읽어보기를 추천하는 바입니다.

2001년 4월
국방부 군종실장 조석행 목사

머리말

　머리를 깎고, 몸에 잘 맞지 않은 군복을 지급 받아 입고, 불안과 용기가 뒤엉켜 방향을 잡지 못하며 입대하던 날의 기억을 잊을 수가 없다. 자세를 교정 받고 거수 경례 연습을 수없이 반복했다. 총을 다루는 법을 배우고 사격을 했다. 총성이 싫지 않았고, 이상하게도 화약 냄새가 무척 좋았다. 나는 지금도 화약 냄새를 좋아한다.

　30년 전 어느 추운 겨울날 경계 교육을 받고 있었다. "작전에 실패한 지휘관은 용서받을 수는 있어도, 경계에 실패한 지휘관은 결코 용시받을 수 없다"라고 교관은 입이 마르도록 강조하였다. 경계 근무는 과연 쉽지 않았다. 기다림과 정신 집중이 가장 힘들었다. 문득 '적군이 진지를 향하여 접근하면 훈련받은 대로 정확한 조준 사격을 할 수 있을까?' 라는 의문이 생겼다. 그리고 '내가 살기 위해 방아쇠를 당기겠지' 라는 생각을 했다. 그런데 또 다른 질문이 머리를 스쳤다. 기독교인이었던 나는 '과연 기독교인이 아무리 적군이라고 하지만 사람을 죽일 수 있을까?' 하는 것이었다. "살인하지 말라"는 가르침이 이런 경우에는 어떻게 되야 하는 것인가?

그후 국가에 이 한 몸 바치기를 원했지만, 그 소원은 결국 이루지 못하고, 20년의 군복무를 마치고 전역하게 되었다. 하나님의 소명을 깨닫고, 전역 후 바로 신학교에 들어가 공부를 마치고 목사가 되었다.

한국에서 공부를 마친 후 더 깊이 신학 공부를 하기 위하여 미국 시카고에 있는 트리니티(Trinity) 복음주의 신학교로 유학을 하여 기독교 윤리학을 공부할 때, 문득 옛날 경계 근무를 하면서 가졌던 의문이 신앙인이라면 누구나 한번쯤 고민하는 문제일 것이라는 생각이 들었다. 그리고 평화 시대가 도래하면서 외국에서는 반전운동이 계속되고 있고, 일부 기독교인들 중에는 신앙을 이유로 군입대를 거부할 수 있다는 생각을 하기도 한다. 이런 문제에 대한 올바른 신앙적 접근이 필요하다고 생각되었다. 특히 우리 나라와 같이 분단의 아픔을 간직한 채 아직 전쟁의 위협에서 벗어나지 못하고 있는 상황에서 기독교인으로서 전쟁에 대해 어떠한 도덕적 판단 기준을 가져야 하는지에 대해 진지하게 생각해 보고 싶었다.

지금 우리 나라의 군대는 남북 화해로 다소 군 내부에서 긴장감이 다소 줄어들지 않았나 하는 생각도 든다. 그러나 아직 우리 나라는 휴전상태이지 완전한 평화를 누리고 있는 것은 아니다. 군인들은 그 점을 명확히 인식해야 한다. 유비무환(有備無患)이라는 말 역시 평화로울 때 전쟁에 대비해야 한다는 것 아닌가?

이 책은 성경적 관점에서 전쟁에 대한 도덕적 결정 기준을 제시하고, 성경에서는 전쟁이 어떤 의미를 가지고 있는가를 살펴보고자 하는 동기에서 쓰여졌다. 이와 함께 제3부에서는 성경에 나오는 전쟁과 믿음의 용사들의 활약상을 성경의 시각으로 분석하여, 이에 따른 영적 교훈을 생각해 보았다.

부족한 삶을 버려두지 않고, 오늘까지 인도하신 하나님께 감사드리며, 영광을 돌려 드린다.

나이 드신 어머니, 장모님, 날로 현숙해지는 아내, 믿음이 있는 두 아들이 있으니 행복하다.

2001년 4월
워싱턴 D.C.에서 주경로

제1부
전쟁이라는 특수한 상황과 도덕적 판단력

전쟁이라는 특수한 상황과

서론

　어떤 기준으로 우리 행동의 선악을 말할 수 있는가? 친한 동료가 부모가 위독하다고 거짓으로 회사에 보고한 후 애인과 여행을 즐겼다고 말할 때, 그러한 거짓말을 하지 못하는 자신이 한심한 것인가? 아니면 이 사실을 회사에 보고하여 다른 동료들에게 경각심을 주고 다시는 이런 거짓이 회사에 없도록 해야 할 것인가? 이런 정도의 거짓말은 가볍게 받아들이고 휴가를 즐긴 동료와 여행에 대한 이야기를 즐겁게 나누는 이도 있겠고, 그러한 행동은 올바르지 않다고 생각하는 이도 있을 것이다.

　어떤 사람은 차를 운전하다가 속도 위반을 했을 경우 벌금을 내면 그것으로 자기의 잘못이 청산된 것으로 가볍게 생각하지만, 어떤 기독교인은 이런 일들도 하나님께 회개해야 한다고 생각한다. 인간은 순간 순간마다 어떤 근거에서든 도덕적 판단과 결정을 내리며 살고 있다. 이러한 도덕적 판단과 결정을 내리는 데는 가정 교육, 성장 과정, 사회나 학교 교육, 신앙 등 과거에 배우고 경험한 다양한 요소들에 영향을 받게 될 것이다.

우리들은 지금까지 받아온 교육과 신앙으로 정립된 도덕적 가치와 기준을 가지고 살아가게 된다. 이미 개인에게 정립된 도덕적 기준이나 가치관이 단체와 조직 생활로 일관되는 사회 생활에서 도전을 받을 것이다. 어떤 경우에는 스스로 자기의 도덕적 기준을 바꿀 수도 있고, 때로는 변화를 강요받게 될 것이다. 특히 군인의 경우 전쟁이라는 특수한 상황에서는 개인적 가치 기준이나 도덕적 판단은 포기하거나 무시될 수 있을 것이다. 특히 기독교 신앙을 가진 군인들은 자신의 가치 기준이나 도덕적 기준을 군대 생활에 적용해야 하는 갈등과 도전에 직면하기도 한다.

도덕을 연구하는 학문을 우리는 윤리학이라 한다. 도덕의 개념은 전형적으로 두 가지 유형으로 이해되었다. 첫째는 도덕을 선(Good) 자체로 이해하거나, 가치나 이익 추구 관점에서 이해하려는 경향이다. 둘째는 도덕을 꼭 행해야 하는 절대적인 행동으로 이해하는 것이다. 이 경우 해야 할 행동을 하지 않을 경우, 또는 해서는 안 될 행동을 할 경우 우리는 부도덕하다고 말한다.

이러한 도덕적 판단은 무엇이 선이고 악인가에 대한 가치 판단이며 무엇이 바람직한 행동이냐 아니냐에 대한 판단이다. 또한 무엇이 옳은 행동인가 아닌가에 대한 의무적 판단(Judgments of Obligation)이다. 그래서 윤리학에는 많은 이론이 생겨날 수밖에 없다. 어떤 이론은 도덕적 가치 판단에 더 비중을 두고 어떤 이론들은 도덕적 의무에 더 비중을 두어 강조한다. 적과 대치하고 있는 군인들에게 적용되는 윤리적 이론은 가치 판단의 문제보다는 의무적 판단이 더 강조될 수밖

에 없다. 즉, 군인에게 요구되는 윤리적 이론 역시 정의나 생명의 존엄
성 등의 고상한 가치 기준 속에서 의무적 행동을 강요하기 마련이지
만 군인들의 도덕적 행동이 이러한 가치 기준으로만 행해지지는 않는
다는 것이다.

1. 총구가 어디를 향하고 있는가
도덕적 책임과 행동의 판단 요소

철학가들은 어떤 행동이 도덕적으로 옳은 행동인가를 구별할 때는 그 사람의 행동이 자의에서 한 것인지 타의에서 한 것인지 필히 고려해야 한다고 말한다. 도덕적 책임은 행동의 자유가 보장된 경우에만 물을 수 있는 것이며 단지 해야 할 행동을 안 하든가, 해서는 안 될 행동을 했다는 결과만으로 판단할 수 없다는 것이다.

우리가 어떻게 자기의 행동을 도덕적이다 또는 비도덕적이다라고 말할 수 있을까? 만약 이 질문에 대한 어떠한 기준이 없다면 죄인들이 자신을 성자라고 생각할 수도 있고, 반대로 성자가 자신의 도덕적 정직성을 의심하며 괴로워 할 수도 있다. 이 질문에 대한 답변은 무엇이 도덕적 행동이나 비도덕적 행동을 일으키는가 하는 질문에 대한 답변이기도 한 것이다. 비록 우리가 어떠한 특정 행동이 도덕적으로 선하다고 해도 이 행동을 취하는 과정이 도덕적인가 아닌가를 꼭 고려해야 한다.

우리는 항상 도덕적이라는 일반적 표현에서 두 가지 오해를 할 수 있다. 첫째는 사람이 도덕적으로 선한 행동을 하면 이를 가리켜 도덕적이라고 말하는 경우이다. 이 경우에 우리는 전혀 행동의 동기나 의도를 고려하지 않는다. 단지 법이 요구하는 행동을 했을 뿐이다. 그러나 하나님은 선한 동기와 의도 없이 율법을 순종하는 바리새인들을 꾸짖으셨다. 그들은 율법이 정한 외적인 행동에 안주했다. 예수님도 외적인 순종만으로 영생을 얻을 수 없음을 분명히 하셨다. 구약에서도 하나님은 마음의 중심에서 나오는 행동의 동기나 의도를 강조하셨다. 호세아 선지자를 통해 "나는 인애를 원하고 제사를 원치 아니하며 번제보다 하나님을 아는 것을 원하노라"(호 6:6)고 말씀하셨다. 둘째는 우리가 통상 사람의 도덕적 행동을 중요시하여 결과가 선하면 도덕적이라고 말하는 경우이다. 행동의 결과 자체로 도덕적인지 여부를 가리는 것이다. 그러나 기독교인은 행동의 결과만으로 도덕적 행동을 판단해서는 안 되며 행동의 결과 못지 않게 동기와 과정도 도덕적이어야 한다. 도덕적 행동 여부를 판단하기 전에 몇 가지 고려할 요소들이 있다.

1. 도덕적 책임과 비난은 자유로운 행동이 보장된 가운데 행해지는 경우에만 적용된다. 강압적 상황에서의 행동을 도덕적으로 비난할 수 없다.
2. 행동의 동기에 따라 도덕적인지 아닌지를 말해야 한다. 독일의 철학자 임마누엘 칸트(Immanuel Kant)도 인간은 자기의 의무를 다하기 위해 행동할 수도 있고 자기의 이익을 위해 행동할 수 있다고 말했다. 군인의 경우, 진급을 위해서 근무하는 것이 아니라 국가가 부여한

의무를 충성스럽게 수행하는 과정에서 진급하는 것이다. 도덕적 행동으로 간주되기 위해서는 동기나 의도가 아주 중요한 요소가 된다.

3. 도덕적 행동은 도덕적으로 정당한 방법으로 행해져야 한다. 자유로운 행동과 동기가 도덕적이라 하더라도 행동의 과정이 비도덕적이라면 우리는 그 결과로 도덕적이라고 말할 수 없다. 진급을 위하여 비도덕적인 행동을 한 군인을 그가 진급을 했다고 해서 그의 행동을 도덕적이라고 말할 수 없을 것이다.

그러면 우리는 선한 행동과 악한 행동을 어떻게 구별할 수 있을까? 이에 대한 두 가지 도덕적 이론이 있다.

첫째는 **목적론적 윤리관**(Teleological Theories)이다. 이 윤리 체계에서는 어떤 목적으로 행동했는가가 중요하며 그 목적을 달성한 결과가 나오면 선한 행동이 되고 목적에 미치지 못하면 악한 행동이 된다. 행동의 규범을 도덕적 가치로 판단하기보다는 목적과 결과 중심으로 판단한다. 쾌락주의자들은 고통은 죄악이고 쾌락은 선이라고 주장한다. 힘이 선이라고 말하는 사람도 있고, 지식이나 자기 성찰을 선이라고 생각하는 사람도 있다. 이들은 인생 목적을 힘, 지식, 또는 자기 성찰로 생각하고 살기 때문에 이 목적이 달성되면 선이라고 주장한다. 이들은 자기 자신을 위하여 최대의 행동을 추구하려 하고 그 결과는 선이라고 말한다. 또한 이들은 최대의 선은 최대의 양이나 수적인 결과가 있어야 한다고 주장하기도 한다. 물에 빠진 사람을 구하려는 시도가 실패했을 경우 물에 빠진 사람을 구조하려는 시도는 사회에 좋은 영향을 미쳤으므로 훌륭했다. 그러나 물에 빠진 사람을 구출하지 못했기 때문에 그 행위 자체는 훌륭한 행동이 아니라고 말한다.

둘째는 **의무론적 윤리관**(Deontological Theories)이다. 이 윤리 체계에서는 행동 규범이 의무를 수행하기 위해 최선을 다했는가 하는 것이지 행동의 결과로 선한 행동이라고 말하지 않는다. 행동에 있어서 가장 중요한 문제는 그 행동이 꼭 행해야 할 의무이기 때문에 옳은 또는 선한 행동이라고 말하는 것이지 행동의 결과로 옳은 행동이라고 말하지 않는다.

기독교적 윤리는 의무론적 윤리 체계를 지닌다. 비록 사람의 생명을 구하는 일이 실패했을지라도 구하려는 행동은 훌륭하고 도덕적으로 선한 행동이라고 말한다. 기독교 윤리는 인종주의자나 편협한 민족주의자들과 같이 행동의 결과를 옳다고 말하는 것이 아니라 하나님이 원하시는 삶을 살아가는 과정에서 행하는 행동은 성공하든 실패하든, 선한 행동이 되는 것이다. 그러나 기독교 윤리가 결과를 무시하는 것은 아니다. 단지 결과만을 가지고 행동을 선과 악으로 구별해서는 안 된다는 것이다. 사실 기독교 윤리에서도 결과는 중요하다. 군인은 방아쇠를 당기기 전에 총구가 어디를 향하고 있는지 확인해야 한다.

2. 성경의 가르침을 어떻게 적용할까

율법과 성경적 윤리의 적용 원칙

기독교인이 성경적 윤리관에 대하여 생각할 때 흔히 가질 수 있는 질문이 있다. 하나님께서 수천 년 전에 다른 역사와 문화적 배경에서 선택한 이스라엘 백성들에게 말씀하셨던 내용을 기록한 성경의 윤리적 규례들을 오늘날에도 적용할 수 있는가? 구체적으로 말하면 구약 성경에 기록된 율법들을 우리 시대의 기독교적 윤리관으로 받아들일 수 있는가 하는 것이다. 이러한 질문에 답을 찾기 위해서 우리는 먼저 율법이 무엇인지 알아야 할 것이다. 율법은 시내 산에서 하나님이 모세에게 주신 십계명을 중심으로, 이스라엘 백성들을 향한 생활과 행위에 관한 하나님의 명령을 말한다. 이 율법에는 하나님의 거룩한 뜻이 계시된 동시에 택한 백성들이 지켜야 할 절대적인 하나님의 명령을 포함되어 있다.

예수님 당시에 유대인들은 구약성경을 율법서, 시가서(詩歌書), 예언서로 구분하였다. 이들이 말하는 율법서는 모세오경이라고 불리는 구약성경의 처음 다섯 권인 창세기, 출애굽기, 레위기, 민수기, 신명기를 말한다. 이스라엘 백성들이 애굽에서 구원받은 다음 시내 산에서 하나님께로 받은 이 율법을 모세가 시내 산에서 가지고 내려온 돌판에 새겨진 십계명뿐이라고 생각하기 쉽지만, 그것 뿐만이 아니다. 모세가 시내 산에서 받은 율법은 절기와 성일과 희생과 제사에 관한 법, 민법 그리고 도덕법을 동시에 주셨으며, 이 율법들은 출애굽기 20장부터 34장에 자세히 기록되어 있다. 그래서 율법이라는 말은 좁은 의미로 십계명을 의미하지만 넓은 의미에 있어서는 도덕법(Moral law), 민법(Civil law) 그리고 제사법(Ceremonial law)을 의미한다.

도덕법(출애굽기 20:1~26)은 이스라엘 백성의 도덕적 행위를 취급하고 있는 것으로 십계명에 명시되어 있다. 도덕법은 일반적으로 사람이 삶을 살아가는 데 필요한 광범위한 도덕 규범을 제공하고 있으며, 보다 구체적인 민법이나 제사법에 대한 기초를 제공하고 있다. 이것은 하나님께서 구두(口頭)로 선언하셨고 또 돌판에 초자연적으로 기록하셨다. 그 내용은 크게 두 가지로 나누어 볼 수 있다. 첫째는 하나님의 대한 인간의 의무로 하나님의 존재, 그에 대한 예배, 그의 이름, 그의 날에 관한 것이다. 둘째는 인간에 대한 사람의 의무로서 부모 공경, 살인, 간음, 도둑질, 거짓 증거, 탐심에 관한 것이다.

하나님을 사랑하고 이웃을 사랑하라는 명령으로 요약되는 율법의 중심인 십계명은 하나님의 절대적인 명령으로 기독교인의 윤리관에 기초가 되는 것이 분명하다. 그러나 레위기 11장에 기록된 것처럼 새김질은 하되 굽이 갈라지지 않은 약대, 사반, 토끼, 돼지 등은 먹지 말라는 음식에 관계되는 규례들을 오늘날에도 지켜야 할 것인가? 또한 "네가 새 집을 건축할 때에 지붕에 난간을 만들어 사람으로 떨어지지 않게 하라 그 피 흐른 죄가 네 집에 돌아갈까 하노라"고 기록된 신명기 22장 8절의 말씀을 오늘날에도 적용해야 하는가? 이러한 질문에 대해 쉽게 답하기는 용이하지 않다.

모든 율법을 절대적으로 받아들여야 한다고 생각할 수도 있고, 시대적 상황과 문화가 다르므로 선별적으로 지켜야 한다고 주장할 수도 있을 것이다. 그러면 어떤 규례는 지키고 어떤 규례는 지키지 않아도 된다고 명확히 말할 수 있는가? 이에 대한 분명하고, 간단한 대답을 할 수는 없지만, 성경은 분명히 이 세상에서 적용되어야 할 윤리들을 가르치고 있다. 이 말은 성경의 가르침을 시대적, 문화적 상황을 고려하지 않고 획일적으로 적용해야 된다는 의미가 아니다. 결국, 기독교인은 성경에서 가르치는 각종 규례들을 이 시대에 어떻게 적용해야 할지를 스스로 결정해야 한다. 기독교인들이 성경의 가르침을 도덕적으로 이 시대에 적용시키는 데 도움이 되는 몇 가지 원칙이 있다.

1. 하나님의 명령이 일반적 원칙(General rules)을 말씀하고 있는지, 구체적이고 특정한 적용(Specific rules)을 요구하는지를 구별해야 한다.

"이웃을 사랑하라"는 하나님의 명령은 일반적인 원칙이다. 하나님은 어떤 특정 상황에서는 꼭 사랑해야 한다고 말씀하신 것이 아니라, 무엇을 하든지, 어떤 환경에서도 기독교인은 사랑을 실천해야 한다고 말씀하신 것이다. 그러나 "지붕에 난간을 만들라"는 규례는 이웃 사람들이 지붕에 올라가 혹시라도 떨어지는 것을 막기 위해서 난간을 만드는 것이 바람직하다는 특정한 상황을 고려한 규례이다. 우리는 이 규례를 이 시대에 모든 집을 건축할 때 지붕을 평평히 하여 난간을 세워야 한다고 건축법을 제정할 수는 없다. 하지만 이 규례의 배경에도 지붕에 오른 이웃 사람이 떨어지는 것을 막아 "이웃을 사랑하라"는 계명을 실천하라는 일반적 법칙이 깔려 있음을 알아야 한다. 현대적 개념으로 이 규례를 적용한다면, 자기 차에 탄 친구에게 안전 벨트를 착용하라고 권유하는 것과 같은 상황으로 해석할 수 있을 것이다. 또한 성경에는 비디오 테이프를 불법으로 복사하지 말라는 규례는 없지만, "도적질 하지 말지니라"라는 계명을 일반적 원칙으로 적용하는 것에는 큰 무리가 없을 것이다.

중요한 것은 일반적 원칙은 여러 환경과 시대적 상황을 초월하여 적용이 가능하다는 것이다. 시대와 문화에 영향을 받지 않고 실천해야 할 규례이다. 이런 반면에 구체적인 규례들은 특정한 시대와 문화에 영향을 받는 규율이며 우리 시대에 적용되지 않을 수도 있다.

2. 구약성경이나 신약성경의 규례들을 적용하고자 할 때 그 시대적 배경과 사회, 정치 그리고 종교적 상호 관계를 이해하여야 한다. 이를 통해서 그 규례가 일반 원칙에 적용되는 규례인지, 구체적 원칙에 적용되는 규례인지 알 수 있다. 대체로 십계명을 중심으로 한 도덕법은 영원한 것으로 간주되는 반면 제사법과 민법은 상황에 적절할 때만 유효한 것으로 일시적 성격을 지니고 있다.

3. 가능하다면, 규례를 말씀하신 하나님의 뜻이 무엇인지 이해하려고 노력해야 한다. 규례가 하나님의 신성이나 성품에서 나온 것이 확실하다면, 이는 항상 진리인 것이다.

예를 들어 사형 제도(Capital Punishment)가 기독교 윤리와 어떤 관계가 있는가 하는 문제에는 여러 의견들이 있다. 기독교인들은 사형 제도에 대해 대체로 세 가지 견해를 가지고 있다. 즉 사형 금지론, 사형 부활론, 응징론이 그것이다. 사형 금지론은 재판이 교정하는 행위라는 견해를 토대로, 그 어떤 범죄에 대해서도 사형에 처하는 것을 반대한다. 사형 부활론은 도덕적이든 모든 중대한 죄에 대해서는 사형을 내려야 한다고 주장한다. 응징론은 모세의 율법에 따르면 사형에 처해 마땅한 죄는 현재에도 마찬가지라고 주장한다. 이 견해를 주장하는 사람들은 "무릇 사람의 피를 흘리면 사람이 그 피를 흘릴 것이니 이는 하나님이 자기 형상대로 사람을 지었음이니라"(창세기 9:6)는 말씀처럼 하나님 형상대로 창조된 인간을 죽이는 자는 그 역시 죽임을 당하는 것이 마땅하며, 이것이 하나님의 뜻이라고 믿는다. 사형 제도를 이해하는 데 있어서 가장 중요한 것은 사형이 복수(Vengeance)의 차원이 아닌 처벌(Retribution)의 영역에서 다루어져야 한다는 것이다. 사람은 하나님이 허락하신 자유의지를 가지고 행동한다. 그러므로 자기가 취한 행동에는 책임이 뒤따른다. 만약 우리가 자유롭지 못한 상황에서 옳지 못한 행동에 책임을 물을 수 없다면, 자유로운 상황에서의 선택한 범죄는 처벌받아야 마땅하다. 범죄자에 대한 처벌은 자유롭게 선택한 범죄 의지에 대한 처벌이다. 하나님은 분명히 사랑과 자비, 용서 그리고 공의의 하나님이시다.

4. 구약의 율법과 신약 시대와 어떤 관계가 있는지 결정해야 한다.

신약성경에 기록된 각종 규례는 비교적 이해하기 쉽지만, 구약성경에 기록된 율법의 현대 사회에 적용하는 것은 어려운 문제임에는 틀림없다. 신약 시대에 구약의 제사법이나 민사법이 그대로 적용된다고 할 수는 없다. 예수 그리스도께서도 "율법은 모세로 말미암아 주신 것이요 은혜와 진리는 예수 그리스도로 말미암아 온 것이라"(요한복음 1:17)고 말씀하신다. 구약의 율법을 해석하고 적용할 때에는 예수님이 이 땅에 오신 목적과 역할이 무엇이었는가를 이해하는 것이 중요하다.

히브리서는 구약의 제사법이 신약 시대에 더 이상 적용되지 않음을 분명히 가르치고 있다. 특히 모세의 희생 제물에 관한 율법은 예수 그리스도의 십자가에서의 죽음으로 더 이상 적용되지 않는다. 히브리서 10장에는 구약의 제사법의 불완전성과 그리스도의 희생의 완전성을 잘 설명하고 있다.

"위에 말씀하시기를 제사와 예물과 전체로 번제함과 속죄제는 원치도 아니하고 기뻐하지도 아니하신다 하셨고(이는 다 율법을 따라 드리는 것이라) 그후에 말씀하시기를 보시옵소서 내가 하나님의 뜻을 행하러 왔나이다 하셨으니 그 첫 것을 폐하심은 둘째 것을 세우려 하심이니라 이 뜻을 좇아 예수 그리스도의 몸을 단번에 드리심으로 말미암아 우리가 거룩함을 얻었노라… 또한 성령이 우리에게 증거하시되 주께서 가라사대 그날 후로는 저희와 세울 언약이 이것이라 하시고 내 법을 저희 마음에 두고 저희 생각에 기록하리라 하신 후에 또 저희 죄와 저희 불법을 내가 다시 기억하지 아니하리라 하셨으니 이것을 사하셨은즉 다시 죄를 위하여 제사드릴 것이 없느니라"(히브리서 10:8~18).

이 말씀은 우리가 구원받기 위해서는 율법으로나 선한 행위가 아니라 예수 그리스도의 한번의 희생으로 가능했다는 것이다. 곧 구원에 대하여는 전적으로 무능력한 상태에 있는 인간을 위해 예수 그리스도

께서 하늘의 영광을 포기하고 이 땅에 오셔서 십자가에 피를 흘리시
므로 대신 죄 값을 치러 줌으로 인간이 구원받게 되었다는 기독교의
구원에 관한 중심 사상을 설명하고 있다. 그런데 이 한번의 희생이 우
리의 죄를 해결했기 때문에 다시는 구약의 율법이 가르치는 것처럼
동물을 드리는 제사는 필요 없다고 분명히 선언하였다.

　신약성경에서는 유대인과 이방인이 하나님 앞에서 영적으로 동일
한 신분임을 가르치고 있다(에베소서 2:1~15). 또한 신약 시대의 기
독교인들은 비기독교인의 정치적 지배하에 있을 수 있으며 이들 권력
에 복종할 것을 가르치고 있다(로마서 13:1~7, 베드로전서 2:13~
15). 이 가르침들을 생각해 볼 때 신약 시대에서는 하나님께서 특별히
유대인만을 상대로 구약 시대처럼 신정 정치를 하고 있지 않음을 암
시한다. 로마서 13장에서 말하는 우리가 복종해야 할 정부는 구약 시
대처럼 신정 정치의 개념으로 받아들일 수 없으며, 바울과 베드로가
복종했던 로마 제국이 하나님의 신정 통치하에 있었다고 볼 수 없다.
로마 제국은 신정 통치하에 있지도 않았고 구약의 민사법으로 정치하
지도 않았다. 만약에 하나님이 로마 제국을 신정 정치하에 두고 있었
다고 가정한다면 바울과 베드로의 로마 정부에 복종해야 된다는 가르
침은 구약의 민사법에 위배되는 것이다. 신약 시대의 율법은 예레미
야 31장에 약속하신 새 언약(New Covenant)에 의하여 적용되며 예수
그리스도를 통한 구원의 법이 적용되는 시대이다.

3. 우리의 행동은 하나님의 뜻에 합당한가
기독교인의 도덕적 결정과 판단

여러 각도에서 기독교인으로서 성경에 근거한 윤리관을 가지고 생활한다 해도 모든 경우에 성경이 해야 할 일과 해서는 안 되는 일 또는 옳은 행동과 옳지 않은 행동을 구체적으로 설명하고 있지 않다. 기독교인으로서 그리스도의 법인 사랑의 윤리관을 가치 기준으로 삶고 살기 위해서는 우리는 행동에 앞서 다음 몇 가지를 고려함으로써 도덕적 결정을 내리는 데 도움이 될 것이다.

1. 내가 하려는 행동을 옳다고 확신하고 있는가?

바울은 무슨 도덕적 행동을 하기 위해서는 하나님이 내가 하고자 하는 행동을 받아들이실 것인지 아닌지를 먼저 생각하고 행동해야 하며 그렇지 않은 경우는 행동에 옮겨서는 안 된다고 권고하고 있다. 로마서 14장에는 그리스도 안에서 자유함과 믿음의 분량에 대하여 말씀하고 있다. 특별히 음식 문제에 대하여, 음식 자체가 윤리적 선악과 직접 관련된 것은 아니나, 이를 받아들이는 자의 양심에 따라 득과 실이 있음을 밝히고 있다. 그것은 기독교인이 복음 안에서 누리는 자유가 다른 사람들을 실족케 해서는 안 된다는 것이다. 그러므로 기독교인은 행동에 앞서 이에 대한 확신을 가져야 한다고 말씀하고 있다.

"내가 주 예수 안에서 알고 확신하는 것은 무엇이든지 스스로 속된 것이 없으되 다만 속되게 여기는 그 사람에게는 속되니라"(로마서 14:14).

2. 내가 하려는 행동이 하나님을 위한 것인가?

바울 사도는 "우리가 살아도 주를 위하여 살고 죽어도 주를 위하여 죽나니 그러므로 사나 죽으나 우리가 주의 것이로라"(로마서 14:8)고 기록하고 있다. 기독교인의 도덕적 행동은 주를 위한 행동이냐 아니냐에 따라 결정되는 것이다.

3. 내가 하려는 행동이 믿음의 형제들에게 방해가 되지는 않는가?

우리의 행동의 결과가 다른 믿음의 형제들에게 방해가 되고 거리낌이 있으면 안 된다. "네게 있는 믿음을 하나님 앞에서 스스로 가지고 있으라 자기의 옳다 하는 바로 자기를 책하지 아니하는 자는 복이 있도다"(로마서 14:22)라고 가르치고 있다. 혹시 믿음이 없는 사람들 앞에서 우리의 행동이 전도에 방해가 되어서는 안 된다. 다른 도덕적 결정을 내릴 때도, 내가 믿음으로 하는 행동이 타인에게 유익을 줄 수 있다면 하나님께서도 기뻐하실 것이다.

4. 내가 하려는 행동이 화평케 하는 것인가?

성경은 "하나님의 나라는 먹는 것과 마시는 것이 아니요 오직 성령 안에서 의와 평강과 희락이라"(로마서 14:17)고 말씀하고 있다. 기독교인의 행동은 화평을 위한 행동이어야 한다. 19절에서도 "우리가 화평의 일과 서로 덕을 세우는 일에 힘쓰나니"라고 바울은 가르치고 있다. 행동의 결과가 평화를 이루는 일, 서로에게 덕을 세우는 일이라면 도덕적으로 문제가 되지 않을 것이다. 천사들이 나타나 예수님이 이 땅에 탄생하신 기쁜 소식을 양치는 목자들에게 알려 주었다.
"지극히 높은 곳에서는 하나님께 영광이요 땅에서는 기뻐하심을 입은 사람들 중에 평화로다"(누가복음 2:14). 천사들의 이 선언은 예수님이 이 땅에 오심으로 인해 하나님이 스스로 영광을 받으시고, 우리에게는 평화가 임했다는 것이다. 기독교는 다툼의 종교가 아니라 평화의 종교이다.

5. 내가 하려는 행동이 유익을 주는 행동인가?

기독교인은 하나님이 허락하신 자유 의지를 가지고 살아간다. 이 세상의 법이 허락한다 해도 때에 따라서는 신앙인으로서 유익한 행동이 아닐 수 있다. 술과 담배, 노름 등은 신앙 생활에 유익하지 않음이 분명하다. 우리는 법적으로 문제가 되지 않아도 신앙의 유익을 위해 포기하는 용기가 필요하다. 이런 문제에 대해 성경은 이렇게 가르치고 있다. "모든 것이 내게 가하나 다 유익한 것이 아니요 모든 것이 내게 가하나 내가 아무에게든지 제재를 받지 아니하리라"(고린도전서 6:12).

6. 내가 하려는 행동이 하나님께 영광이 되는가?

"그런즉 너희가 먹든지 마시든지 무엇을 하든지 다 하나님의 영광을 위하여 하라"(고린도전서 10:31). 하나님의 영광을 위한 가치 판단과 도덕적 결정 그리고 이에 따른 행동이 기독교인의 윤리적 행동의 대원칙이다.

"너희 빛을 사람 앞에 비취게 하여 저희로 너희 착한 행실을 보고 하늘에 계신 너희 아버지께 영광을 돌리게 하라"(마태복음 5:16)는 말씀이 우리가 행할 도덕적 원칙을 제시하고 있다. 우리의 행동으로 하나님이 영광을 받으신다는 사실은 신앙인이 누릴 수 있는 최고의 영광이다.

7. 내가 하려는 행동이 양심에 가책을 받는 행동인가?

성경은 착한 양심을 가지라고 가르치고 있다. "믿음과 착한 양심을 가지라 어떤 이들이 이 양심을 버렸고 그 믿음에 관하여는 파선하였느니라"(디모데전서 1:19). 사람이 가진 양심과 믿음은 밀접한 관계가 있음을 알 수 있다. 양심은 우리가 도덕적 판단을 내릴 때 안내자가 된다.

기독교인은 성경에서 가르치는 윤리적 가치 기준에 따라 행동해야 한다. 우리는 행동에 앞서 하나님이 우리에게 주신 양심에 따라 성령의 도움으로 행동해야 한다. 개인적 판단이나 가치관에 따라 다른 사람의 행동을 판단해서도 안 된다. 우리는 "하나님과 사람을 대하여 항상 양심에 거리낌이 없기를 힘쓰노라"(사도행전 24:16)고 고백한 바울의 신앙관을 가지고 살아야 할 것이다.

4. 진정으로 자유롭게 자기의 삶을 선택하고 결정할 수 있는가

자유와 도덕적 행동

인간은 도덕적 결심을 하기 전에 본인의 의사와는 관계없이 순간적인 갈등을 경험한다. 이 심리적 갈등은 왜 오며, 무엇을 의미하는 것일까? 우리가 가진 자유는 제한이 없는 것인가? 이러한 질문에 대하여 각자 나름대로 답변을 할 수 있을 것이다. 이 질문에 대한 답변의 기준이 따라 도덕적 결심에 영향을 미치게 된다. 다시 말해서 도덕적 결심을 내리는 데는 하나님이 인간에게 허락하신 자유의 한계성의 문제와 양심에 따라 좌우된다고 말할 수 있을 것이다.

사람은 원래 하나님의 형상에 따라 창조되어 하나님과 자유로운 교제를 누리며 살 수 있었다. 하나님은 천지를 창조하신 후에 인간을 창조하셨다. 성경은 "여호와 하나님이 흙으로 사람을 지으시고 생기를 그 코에 불어 넣으시니 사람이 생령이 된지라"(창세기 2:7)고 인간 창조의 순간을 설명하고 있다. 사람은 하나님의 생기를 받아 자유롭게 살도록 창조된 존재였다. 이렇게 하나님은 인간에게 하나님의 생명을 직접 불어 넣으셔서 영적인 존재로 만드셨다. 영적인 존재란 생각하고 느끼고 결정할 수 있는 기능을 가진 존재를 의미한다. 다시 말하면 하나님께서는 인간을 교제할 상대로 지으셨다는 뜻이다.

하나님께서 아담에게 에덴 동산에 거처를 주시고 그곳에서 자유를 누리며 살도록 하셨다. 사람은 에덴 동산에서 한 가지만을 제외한 모든 자유를 누리고 있었다. "여호와 하나님이 그 사람을 이끌어 에덴 동산에 두사 그것을 다스리며 지키게 하시고 여호와 하나님이 그 사람에게 명하여 가라사대 동산 각종 나무 실과는 네가 임의로 먹되 선악을 알게 하는 나무의 실과는 먹지 말라 네가 먹는 날에는 정녕 죽으리라"(창세기 2:15~17)고 명령하셨다. 에덴 동산에서 하나님과 자유로이 교제하며 살 수 있었던 인간에게 하나님이 창조한 것들을 "다스리는" 권한을 주셨다. 그러나 다스린다는 것은 책임을 져야 한다는 뜻이 암시되어 있다. 마지막으로 하나님은 인간이 하나님의 명령에 순종하고 예속되어야만 살 수 있도록 하셨다.

1. 진정한 자유는 하나님을 **따르는** 자유이다.

사람은 본래 에덴 동산에 살면서 누구로부터 강요를 받는다든가, 죄의 지배에 방해받지 않은 존재였다. 인간이 창조되어 행할 수 있는 모든 일을 할 수 있었다. 거기에는 하나님과의 교제, 다른 피조물과의 조화로운 일치, 남자와 여자와의 아름다운 관계가 유지되었다. 이때 누렸던 자유가 인간이 갈망하는 최고의 자유라고 생각된다.

그러나 피조물 인간에게는 이때도 모든 자유를 누리면서도 한 가지 해서는 안 되는 금지된 자유가 있었는데, 그것이 선악을 알게 하는 나무의 열매를 먹지 않는 것이었다. 인간은 이 열매를 먹을 수도 있고, 먹지 않을 수 있는 자유가 있었다. 이 의미는 인간은 하나님의 명령에 순종하는 것과 불순종하는 것을 택할 수 있는 자유까지도 가지고 있었다는 것이다. 불행하게도 인류의 조상은 금지된 자유를 선택하여 에덴 동산에서 최초로 누렸던 참자유를 우리는 누릴 수 없게 되었다.

인간 최초의 자유의 선택에 대한 실패를 통해서 깨달을 수 있는 가장 중요한 교훈은 인간은 창조주 하나님께 순종함으로 누리는 자유가 참자유라는 사실이다. 하나님이 인간을 창조하시고 허락하신 자유는 하나님을 배반하고 무엇이든지 하고자 하는 것을 할 수 있는 무분별한 자유가 아니라, 하나님이 허락하신 범위 안에서의 자유를 의미한다. 그러므로 진정한 자유는 하나님 뜻을 따르는 자유이다. 이 자유는 인간이 창조된 목적인 하나님을 영화롭게 하는 일을 포함하고 있다. 인간은 하나님이 허락하신 자유 안에서 죄를 짓지 않을 수 있었다.

그러나 아담의 실패는 후손에게 자유를 선택하는 데 큰 고통과 어려움을 안겨 주었다. 사도 바울은 이 답답하고 고통스런 심정을 이렇게 고백하였다. "내가 원하는 바 선은 하지 아니하고 도리어 원치 아니하는 바 악은 행하는도다"(로마서 7:19). 기독교 신앙을 가장 잘 이해하고 이를 체계적으로 정리한 사도 바울이 가진 신앙 생활의 최대 고민은 선한 마음을 갖고 싶고 선한 행동을 하고 싶은데, 이에 반대되는 도덕적 선택을 하며 살아간다는 절규다. 바울은 예수 그리스도 안에서 우리는 죄인이 아님을 선언하면서도 에덴 동산에 주어진 참자유는 우리가 체험할 수 없음을 시인하고 있다.

"그러므로 이제 그리스도 예수 안에 있는 자에게는 결코 정죄함이 없나니 이는 그리스도 예수 안에 있는 생명의 성령의 법이 죄와 사망의 법에서 너를 해방하였음이라"(로마서 8:1~2). 예수님을 믿음으로 사람은 죄와 사망에서 해방될 수 있다. 그러나 진정한 참자유의 회복은 모든 것이 완전해지는 예수님의 재림까지 기다려야 할 것이다.

기독교에서 말하는 자유나 자유의지(Will of Freedom)는 하나님이 허락하신 자유 안에서의 선택을 의미한다. 믿음 밖에 있는 자유는 '자기 자신의 일'을 하는 자유, 자기 자신의 욕구에 따라 행동하는 자유로 이해된다. 어떤 사람은 진정한 자유를 누리려면 하나님의 간섭이 없어야 한다고 생각하기도 한다. 하나님으로부터 오는 참자유를 오히려 속박으로 간주하는 것은 기독교 신앙과 완전히 다른 것이다. 진정한 자유는 자유처럼 보이는 이러한 방종에서 해방되는 것이며, 하나님의 진리 안에서 순종하므로 얻을 수 있다. 이것이 그리스도께서 우리를 자유케 하신 진정한 자유이다.

예수님이 제자들에게 말씀하셨다. "그러므로 예수께서 자기를 믿은 유대인들에게 이르시되 너희가 내 말에 거하면 참 내 제자가 되고 진리를 알지니 진리가 너희를 자유케 하리라"(요한복음 8:31~32).

2. 자유 의지는 하나님의 뜻에 순종하는 자유로움을 의미한다.

하나님이 인간을 창조하실 때 인간 스스로 자유로이 결정할 수 있는 범위를 어느 정도 허락하셨을까? 더 근본적인 질문으로 하나님이 선악을 알게 하는 나무의 열매를 먹지 말라고 하시지 않았다면, 아예 그 열매도 먹을 수 있는 자유까지도 주셨다면 하는 생각이다. 아마도 기독교를 이해하려면 누구나 가지는 질문일 것이다. 이 질문에 대답을 하기 위해서는 에덴 동산에서 일어났던 상황을 이해하고 받아들이는 수밖에 없다. 에덴 동산에서의 상황은 인간은 본래 하나님의 명령에 대하여 결정할 자유를 부여받았다는 사실이다. 인간은 하나님 뜻에 따라 행동할 수도 있었지만 거기에는 강제성이 없었다. 인간은 "선악을 알게 하는 나무" 열매를 먹기 전에는 선과 악을 구별하지 못하고 하나님과의 아름다운 교제만이 있었다. 그러나 인간의 자유로운 결정으로 열매를 먹었으며, 이로 인해 인간은 하나님이 창조하신 자기 고유의 성품이 파괴되었다.

그러나 본래 사람이 그 나무의 열매를 먹는 것이 금지된 이유는 나무 그 자체가 악하거나 열매에 독이 있어서가 아니라, 하나님이 금한 것을 행함으로 인해 사람이 악의 영역을 알게 될까봐 금지된 것이었다. 하나님은 사람이 하나님의 뜻에 따라 순종하며 살기를 원하셨다. 하나님은 선과 진리 외에는 아무것도 알기를 원치 않으셨다.

하나님은 인간에게 자유를 주셨으며, 이 자유는 강요받지 않는 자유였다. 하나님이 주신 자유는 하나님께 순종할 수도 있고, 그에게 불순종할 수 있는 자유까지도 포함되어 있었다. 하나님은 인간에게 자유롭고, 자발적인 순종을 바라고 계셨던 것이다. 하나님은 사람을 그의 뜻대로 움직이는 기계처럼 만드신 것이 아니라 오히려 하나님이 명하신 것을 확증하는 자유를 주셨다. 이것 바로 자유의 특성이다.

인간이 하나님의 형상대로 창조되어 거룩함과 진리 그리고 선한 성품을 지녔을지라도, 하나님을 향한 자유로운 결정을 통하여 이러한 것들을 확증해야 하는 것을 깨달을 수 있다. 오직 이렇게 함으로써 우리의 믿음과 인격이 나타나는 것이다. 하나님이 허락하신 자유 의지는 하나님의 뜻에 순종하는 자유로운 선택을 의미한다. 선, 진리, 의를 향한 자유로운 선택을 의미하는 것이다. 기독교 윤리에서 말할 수 있는 자유나 자유 의지는 창조주 하나님을 벗어난 어떤 선택도 용납할 수 없다. 이것이 기독교인의 자유의 한계이며, 이 한계를 인정하기를 원하시는 하나님이 아담과 하와에게 선악과만은 먹지 말라고 명령하신 것이다.

그런데 사탄은 책임지지 않는 자유를 사람에게 가르쳤다. "하나님이 참으로 너희더러 동산 모든 나무의 실과를 먹지 말라 하시더냐", 하나님의 명령을 어겨도 "너희가 결코 죽지 아니하리라." 그리고 하나님이 우리를 속이고 있다고 속삭인다. "너희가 그것을 먹는 날에는 너희 눈이 밝아 하나님과 같이 되어 선악을 알 줄을 하나님이 아심이라"(창세기 3:1,4~5 참조)고 했다. 그런데 결과는 어떠했는가? 스스로 자제할 수 없는 자유는 우리를 더 큰 곤경으로 몰고 간다. 탕자도 자유를 원했지만, 책임을 원하지 않았다. 책임지지 않는 자유는 위험스럽고, 파괴적인 것이다. 하나님이 허락한 자유는 책임을 요구하는 자유다. 책임을 지겠다는 의지를 가진 자유로운 행동이야말로 하나님의 뜻이다.

3. 자유 의지와 예정론(predestination)의 관계

에덴 동산에서의 자유와 선택의 문제를 이해한다고 하더라도, 선악과를 먹은 후 인간은 악을 알게 되어 전혀 다른 문제에 직면하게 되었다. 인간이 이제 누릴 수 있는 자유가 죄로 인하여 방해를 받게 되었고, 진리를 추구한다는 자체도 인간의 선택으로만 결정되지 못하게 되었다. 그래서 현대 교회에서 자유 의지 문제를 논의할 때, 자유 의지와 원죄와의 관계 그리고 자유 의지와 하나님의 은혜와의 관계로 이해하기 시작했다. 자유 의지를 이해하는데 기독교의 핵심 교리 중의 하나인 선택과 예정의 교리가 서로 일치하지 않는다는 문제로 다루어 진 것이다.

기독교에서 예정은 사람이 구원받는 것은 사람의 의지와 능력에 있지 않고 전적으로 하나님의 은혜의 선택에 기초한다는 교리이다. 바울은 이에 대한 교리를 분명히 했다. "이는 이제 교회로 말미암아 하늘에서 정사와 권세들에게 하나님의 각종 지혜를 알게 하려 하심이니 곧 영원부터 우리 주 그리스도 예수 안에서 예정하신 뜻대로 하신 것이라"(에베소서 3:10~11). 이는 하나님이 인간을 구원할 계획을 영원 전부터 갖고 계셨다는 의미이다. 기독교 소교리문답 일곱번째 질문은 "하나님의 예정이란 무엇입니까?" 이다. 이에 대한 답변은 "하나님의 예정은 그 뜻대로 하신 영원한 경륜이신데 이로 말미암아 자기의 영광을 위하여 무릇 되어 가는 일을 미리 작정하신 것이다" 이다. 하나님의 예정이란 하나님의 영원한 계획과 목적을 말한다.

그런데 자유 의지가 예정과 관련하여 논의되는 이유는 만일 하나님이 영원한 계획과 목적을 가지고 계시다면, 사람이 진정으로 자유롭게 자기의 삶을 선택하고 결정할 수 있는 것인가? 만약의 예정의 교리를 받아들인다면, "사람이 도덕적으로 잘못된 행동이나 범죄에 대해서까지도 책임질 수 없지 않는가?" 하는 의문이다. 사람은 이미 하나님이 정해 놓으신 길을 갈 뿐이며, 인간이 그 내용을 알 수 없을 뿐이라고 생각하기 쉽다. 그래서 사람이 아무리 노력해도 그 예정된 길을 벗어날 수 없는 숙명적 존재로 잘못 이해되기 쉬운 것이다.

예정론을 숙명론적으로 받아들이면, 하나님이 죄도 만들어 놓고 때가 되면 사람이 죄를 짓고, 또 때가 되면 회개하기도 한다고 믿을 수밖에 없다. 또한 아무 일에나 노력하지 않을 우려가 있다. 그러나 하나님은 세상에 죄악을 조성하신 분이 아니고, 거룩하시며, 선하신 분이시다. 단지 타락한 인간이 하나님의 성품을 올바로 이해하여 행동하지 않고 하나님께 책임을 전가하려는 발상일 뿐이다. 예정론을 믿게 되면 자기들의 구원이 이미 확보되었다고 생각하여 도덕적 행위나 믿음의 성장에 무책임해진다고 반대하기도 하지만, 그러나 이것은 하나님께서 목적만이 아니라 수단도 예정하셨다는 것을 바로 알지 못한데서 나온 생각이다. 하나님은 우리들이 나아가야 할 목적과 수단까지도 예정하셨기 때문에 우리는 온전히 순종해야 할 뿐이다.

사람이 자유 의지를 지니고 있다는 교리는 인류학의 핵심이라고 말할 수 있다. 성경은 인간을 가리켜 영적인 존재요, 도덕적 책임이 있는 존재임을 분명히 하고 있다. 자유 의지가 없다면 그의 도덕적 능력과 책임도 없다. 대부분의 기독교인들은 하나님이 인간의 결정들을 주관하실 권능과 권세를 지니신 분임을 인정한다. 하나님께서 타락한 인류를 향한 영원한 계획과 섭리가 있음을 또한 인정한다. 여기에 내포되어 있는 뜻은, 하나님이 어떤 강압적인 방법으로 피조물에게 하나님의 뜻을 강요하지 않으시고 우리 스스로가 하나님의 뜻을 깨닫고 그분을 영화롭게 하기 위하여 자발적으로 순종하길 원하신다는 사실이다. 따라서 인간의 자유 의지를 어떻게 이해하느냐에 따라 인간의 본성과 하나님의 성품에 대한 이해가 좌우된다. 우리는 자유 의지를 너무 강조하여 하나님의 성품과 주권적 섭리들을 훼손시키는 일은 하나님의 뜻에 대한 성경적 견해를 반박하는 것이다. 또한 인간의 책임에 대한 성경적 견해를 훼손시키는 인간관은 어떤 것이든 심각한 결함을 지니게 된다.

5. 양심이 모든 인간을 책임감 있게 만든다
양심과 도덕적 행동

양심은 어떤 사람이 자신의 도덕적 한계를 넘어서 행동할 때 겪게 되는 고통이라고 일반적으로 말할 수 있다.

사울에게 쫓기던 다윗은 엔게디 황무지의 동굴에서 사울을 죽일 수 있는 기회가 있었다. 그러나 다윗은 사울이 여호와의 기름부음 받은 자라는 이유로 그의 옷자락만 베고 그를 살려 주었다. 그런데 다윗은 사울의 옷자락을 베고 나면 통쾌할 줄 알았는데 그렇지 못했다. 성경은 "사울의 옷자락 벰을 인하여 다윗의 마음이 찔려(David was conscience-stricken for having cut off a corner of his robe)"라고 다윗의 마음의 고통을 표현하고 있다(사무엘상 24:5). 다윗이 자기가 한 행동에 대해서 양심의 가책을 받았다는 뜻이다.

양심이 인간의 도덕적 행동에 직접적인 영향을 미치는 것이 사실이다. 다윗은 행동을 한 후에 양심의 가책을 받았지만, 많은 경우는 행동하기 전에 양심이 옳고 그름을 판단해 주기도 한다. 우리들 마음속에 있는 양심은 옳은 일을 할 때 좋다고 인정하고, 나쁜 일을 할 때 나쁘다고 비난한다. 인간은 이 양심과 더불어 살아간다.

구약에서는 양심이란 낱말을 다윗의 언급 외에는 찾아볼 수 없다. 신약에는 32번 나오는데, 사도 바울에 의해 21번이 사용되었다. 신약에서 양심은 거룩한 심판자이신 하나님의 성품을 배경으로 이해되고 있다. 바울은 양심은 모든 사람에게 주어졌다고 말하고 이 양심을 통해 하나님의 성품과 의지가 적극적으로 인식될 수 있다고 말한다.

"율법 없는 이방인이 본성으로 율법의 일을 행할 때는 이 사람은 율법이 없어도 자기가 자기에게 율법이 되나니 이런 이들은 그 양심이 증거가 되어 그 생각들이 서로 혹은 송사하며 혹은 변명하여 그 마음에 새긴 율법의 행위를 나타내느니라"(로마서 2:14~15)

율법은 원래 유대인에게만 주어졌고, 이방인에게는 주어지지 않았다. 그러나 이방인에게도 이미 그 마음속에 율법이 있었는데 이것이 곧 양심이라고 말하고 있다. 구원받은 자나, 구원받지 못한 자나 동일하게 양심을 가지고 있다. 구원받은 자의 양심은 성령이 그들의 마음을 거룩하게 하셔서 좀더 하나님의 성품에 가까운 기준을 가지게 된다. 그러나 구원받지 못한 자도 옳고 그름을 알 수 있다. 왜냐하면 그들의 양심이 증거하기 때문이다. 이 양심은 하나님의 형상을 따라 지음 받은 인간에게 그 코에 생기를 불어 넣어 주실 때부터 존재한다고 믿어진다. 하나님의 형상을 따라 지음을 받은 존재란 인간은 생각할 정신과 느낄 마음과 결정할 의지를 가졌다는 뜻이다. 인간은 동물과 달리 영적인 존재로 창조되었다. 인간에게는 동물과 달리 양심이 있다는 의미이다. 그러므로 양심은 창조주 하나님이 주신 것이다.

철학자들이나 과학자들은 양심이 어디에서 왔는지 찾으려고 노력하였다. 칸트는 "두 가지가 사람의 마음을 점점 더 경이와 놀라움으로 채운다. 내 위 하늘에 반짝이는 별들과 내 속에 있는 도덕률이다"라고 말했다. 그는 각 사람의 마음속에 도덕적 기준을 주는 무엇이 있음을 말하고 있다. 철학자 쇼펜하우어(Schopenhauer)는 "양심은 5분의 1의 인간의 두려움, 5분의 1의 미신, 5분의 1의 편견, 5분의 1의 허식, 5분의 1의 관습으로 이루어졌다"고 말했다. 그의 말대로라면 양심은 사회의 기능으로부터 창출된 것이다. 그러나 사회는 우리들에게 기준을 주는 데 도움을 줄 수 있어도, 우리에게 양심을 주지는 못한다.

진화론을 주장하는 사람은 양심은 인간의 진화와 더불어 같이 진화했다고 말한다. 그러나 진화론을 주장한 찰스 다윈(Darwin)도 그의 저서 『인간의 후예』에서 이렇게 말했다. "인간과 하등 동물 사이의 모든 차이점들 중에서 도덕감 혹은 양심이 가장 중요하다." 심지어 다윈 자신도 양심이 어디에서 왔는지 설명하지 못했다.

양심은 진화된 것도 아니고, 우리들 주위 환경으로부터 오는 것도 아니다. 그리고 양심은 우리가 개발하고 만들 수 있는 것도 아니다. 하나님이 양심의 근원이다. 하나님께서 인간의 마음에 양심을 주셔서 하나님과 인간 관계나 사람과 사람 사이의 관계에서 옳음과 그름을 판단하게 하셨다. 양심은 하나님이 인간에게 주신 선물이다. 따라서 양심은 다음과 같이 도덕적 결정에 영향을 미친다.

1. 양심은 진리 편에 서기를 바란다.

사람은 양심에 따라 행동해야 한다는 충고를 들을 수 있다. 그러나 어떤 양심을 따르느냐가 문제가 된다. 바울은 "이것을 인하여 나도 하나님과 사람에 대하여 항상 양심에 거리낌이 없기를 힘쓰노라"(사도행전 24:16)고 양심의 기준을 제시하고 있다. 바울이 로마 법정에서 예수라고 일컫는 이단을 추종한다는 것과 유대인의 법에서 사형에 해당하는 성전을 더럽히는 죄를 범했다는 죄목으로 기소되었다. 이 두 가지 일로 인하여 유대인들에게는 질서를 무너뜨리고 소요를 일으킬 빌미를 제공했다고 추궁을 받았다. 바울은 변론을 하면서 그들이 이단이라고 말하는 예수 그리스도를 믿는 자임을 당당히 시인하였다. 그리고 유대인이 믿는 하나님을 자신도 믿는다고 시인했다. "저희의 기다리는 바 하나님께 향한 소망을 나도 가졌으니 곧 의인과 악인의 부활이 있으리라 함이라"(사도행전 24:15)고 그의 입장을 분명히 하고 있다. 16절의 "이것을 인하여"라는 표현은 예수 그리스도의 교리와 부활의 진리에 대하여 양심에 가책을 받지 않고 믿는다는 고백이다. 하나님과 사람 앞에서 전혀 양심의 부담을 느끼지 않는다는 고백이야말로, 진리 편에 설 때의 양심 상태를 잘 나타내고 있다. 최고의 양심은 하나님과 사람들 앞에 언제나 거리낌이 없는 양심을 말한다.

그런데 바울은 최고의 양심을 유지하는 데는 노력이 필요함을 인정하고 있다. 만약 진리 편에 서려는 노력이 없다면, 우리의 양심은 그릇된 기준을 받아들이고 더 이상 "하나님과 사람들 앞에서 거리낌이 없으려" 하지 않을 것이다. 하나님은 성령의 사역을 통해 우리에게 깨끗하고, 착한 양심을 가지도록 권고하신다. 깨끗한 양심을 유지하는 인간에게는 갈등이 있음을 바울은 "내가 그리스도 안에서 참말을 하고 거짓말을 아니하노라 내게 큰 근심이 있는 것과 마음에 그치지 않는 고통이 있는 것을 내 양심이 성령 안에서 나로 더불어 증거하노니"(로마서 9:1)라고 고백하고 있다. 양심은 성령 안에서 진리를 향한 내적 갈등의 과정에 관련이 있다. 우리의 양심이 제 구실을 담당할 때, 양심은 기독교인으로서 살아가는 신앙인의 길잡이가 될 것이다.

2. 양심은 믿음에 담대함을 준다.

독일의 신학자이자 종교개혁자인 마르틴 루터(Martin Luther, 1483~1546)는 그가 재판을 받을 때 이렇게 증언했다고 자서전에서 밝히고 있다. "그러므로 내가 성서의 증거에 의하여 확신하게 되든가, 아니면 아주 분명한 논리에 확신하지 못하면(내가 인용한 성구에 의하여 내가 설득당하지 못하면), 그리고 이처럼 저들이 하나님의 말씀을 가지고 내 양심을 묶어 버릴 수 없다면, 나는 철회할 수 없으며 철회하지 않을 것이다. 왜냐하면 기독교인이 그의 양심을 거슬려서 말하는 것은 안전하지 못한 것이기 때문이다. 나는 여기에 섰다. 나는 달리 할 수 있는 일이 없다. 하나님께서 나를 도와주실 것이다. 아멘!" 어떻게 국가와 종교 지도자들과 맞서 이러한 담대한 용기를 가질 수 있었는가? 루터는 하나님이 허락한 양심에 순응하였다.

우리가 거짓 교훈과 불의 앞에 담대히 대항할 수 있는 길은 믿음과 선한 양심을 가지는 것이다. 바울은 디모데에게 말했다. "아들 디모데야 내가 네게 이 경계로써 명하노니 전에 너를 지도한 예언을 따라 그것으로 선한 싸움을 싸우며 믿음과 착한 양심을 가지라 어떤 이들이 이 양심을 버렸고 그 믿음에 관하여는 파선하였느니라"(디모데전서 1:18~19). 당시 에베소 교회에는 복음이 아닌 신화나 우상 숭배자들이 많았다. 기독교인들은 이들과 대항하여 하나님 말씀을 붙들고 세상의 죄와 기독교적 윤리관 및 가치관을 가지고 싸워야 했다. 이 싸움을 위해서는 믿음과 착한 양심이 무기가 되었다. 하나님 말씀에 근거한 바른 믿음과 양심에 따라 기독교인이 살아야 함을 가르치고 있다.

3. 양심은 기도의 응답과 연관이 있다

우리가 선한 양심을 가져야 하는 이유 중에는 하나님과 진정한 교제를 위해서이다. 사랑의 사도로 불리는 사도 요한은 우리 마음에 책망할 것이 없어야 하나님이 기뻐하시고 우리가 드리는 기도도 응답된다고 가르치고 있다.

"자녀들아 우리가 말과 혀로만 사랑하지 말고 오직 행함과 진실함으로 하자 이로써 우리가 진리에 속한 줄을 알고 또 우리 마음을 주 앞에서 굳세게 하리로다 우리 마음이 혹 우리를 책망할 일이 있거든 하물며 우리 마음보다 크시고 모든 것을 아시는 하나님일까보냐 사랑하는 자들아 만일 우리 마음이 우리를 책망할 것이 없으면 하나님 앞에서 담대함을 얻고 무엇이든지 구하는 바를 그에게 받나니 이는 우리가 그의 계명을 지키고 그 앞에서 기뻐하시는 것을 행함이라"(요한일서 3:18~22)

만약 우리가 하나님께 예배하거나 기도 드리기 전에 우리의 양심에 가책이 있다면 그 문제를 먼저 해결해야 한다. 우리가 기도 드리기 전에 우리의 삶에 무슨 잘못이 있다면, 양심이 스스로에게 말할 것이다. 하나님은 사람에게 양심을 주시고 양심을 통해서 잘못을 깨닫게 하신다. 하나님이 사랑과 자비로 허락하시는 이 기회를 놓치지 말고 활용해야 한다. 그러므로 우리는 하나님의 뜻 안에서 예배드리며 기도할 수 있다.

시편 기자는 "내가 내 마음에 죄악을 품으면 주께서 듣지 아니하시리라"(시편 66:18)고 고백하고 있다. 양심은 우리의 기도를 돕는다. 우리의 양심이 깨끗하면 하나님께 담대히 우리의 기도를 드릴 수 있고, 하나님도 그러한 양심으로 기도하는 모습을 기뻐하실 것이다. 양심에 무엇인가 가책을 느끼면, 이것을 예수님께 고백하고 용서를 받아야 한다. 더럽혀진 양심으로 하나님과 교제할 수 없다. 우리의 양심은 그리스도로부터 용서를 받을 때 깨끗한 양심으로 변화하는 것이다. 이러한 양심을 소유할 때 우리의 도덕적 기준도 하나님 성품에 가까워지는 것이다.

4. 양심은 고난을 이기는 힘이다

베드로는 신앙 생활 중에 우리를 핍박하는 자들에게 대해야 할 태도에 관해서 설명하는 중에 선한 양심을 가져야 된다고 가르쳤다. 고난 중에 양심을 포기하기가 쉽지만, 양심이 고난을 이길 힘이 되는 것을 역설적으로 말하고 있다. 예수님을 부정하고 우리의 신앙을 비난하는 자들에게 대할 태도는 선한 양심과 선한 행실만이 최고의 신앙적, 도덕적 기준임을 강조한다.

"또 너희가 열심으로 선을 행하면 누가 너희를 해하리요 그러나 의를 위하여 고난을 받으면 복 있는 자니 저희의 두려워함을 두려워 말며 소동치 말고 너희 마음에 그리스도를 주로 삼아 거룩하게 하고 너희 속에 있는 소망에 관한 이유를 묻는 자에게는 대답할 것을 항상 예비하되 온유와 두려움으로 하고 선한 양심을 가지라 이는 그리스도 안에 있는 너희의 선행을 욕하는 자들로 그 비방하는 일에 부끄러움을 당하게 하려 함이라 선을 행함으로 고난받는 것이 하나님의 뜻일진대 악을 행함으로 고난받는 것보다 나으니라"(베드로전서 3:13~17)

세상은 선한 양심을 가지고 살아간다고 해서 고난이 없는 것이 아니다. 양심적인 사람이 악한 사람으로부터 중상과 모략을 피할 수 없는 경우가 종종 있다. 그들은 선한 사람에게 악을 행하는 자들이라고 비난하며, 그들의 행동의 책임을 전가하기도 한다. 그리스도와 사도들도 이러한 취급을 받았다. 그러나 선한 양심과 선한 행실이 결국은 승리한다고 말씀하고 있다. 결국 악한 양심은 선한 양심에 의해 부끄러움을 초래하고 말 것이다.

양심은 하나님이 주신 선물이다. 이 양심을 통하여 기독교인다운 삶의 증인과 인도자 역할을 감당할 수 있다. 이러한 삶을 살려면 성령의 인도를 받아야 한다(로마서 8:14). 양심을 통해 하나님의 성품과 의지를 적극적으로 인식할 수가 있다. 이 양심이 모든 사람을 책임감 있게 만든다. 양심이 무뎌지면 가정도 파괴된다. 양심이 사라지면 정의와 자유도 무너진다. 양심이 스스로가 누구인지도 알려 준다. 우리의 도덕적 행동이 옳은지 그른지노 양심이 말해 준다. 비도덕적 행동과 결심 앞에 최고의 파수꾼은 하나님이 주신 깨끗하고, 선한 양심이다.

제2부
전쟁론에 대한 기독교의 가르침

서론

인류는 항상 평화를 원했지만 이런 꿈이 이루어진 시대는 거의 없었다. 어떤 의미에서 전쟁은 인류 역사의 중요한 한 부분이 되었다. 인류가 언제부터 싸움을 시작했는지 정확히 알 수는 없지만, 문명이 발달하기 훨씬 이전 동굴 속에서 살던 인류의 조상들도 싸움을 한 흔적을 찾아 볼 수 있는 것을 보면 인류가 존재하면서 싸움은 시작된 것으로 보인다. 고대 국가에 있어서는 씨족이나 부족이 전쟁의 주체였으나, 현대는 거의 국가가 주체로 되어 있다.

현대 사회는 전쟁에 대한 개념도 많이 발달하였다. 일찍이 클라우제비츠(Karl von Clausewitz, 1780~1831)는 "전쟁이란 단지 정치 행동일 뿐만 아니라, 전적으로 정치의 도구요 정치적 제 관계의 계속이자 다른 수단에 의한 정치의 실행이다"라고 정의하였다. 그는 전쟁의 원리를 철학적으로 말하는 것은 어리석은 일이지만, "전쟁은 영토 확장이나 국가의 영향력 확대를 위한 무력 충돌"이라고 주장했다. 특히 프러시아의 장군이었던 그는 게릴라전에 이론적 고찰을 처음으로 시도했다. 그는 "전 인민이 무기를 들고 싸우는 저항, 즉 게릴라전은 시간, 공간적으로 힘을 집중하여 적에게 큰 타격을 주기에는 부적절하지만, 구름이나 안개와 같이 널리 퍼져서 연발 작용의 물리적 효과를 거둘 수 있는 것이 특성이다"라고 말했다.

이러한 전쟁 이론과 환경이 바뀌면서도 전쟁에 대한 도덕적, 신앙적 질문은 끊이지 않았다. 전쟁에 관한 이론이 변천해 오는 동안 기독교인의 전쟁에 대한 의견도 다양하게 나타났다. 가장 대표적인 이론은 평화주의와 정당한 전쟁 이론이었다. 그 후로 재래식 전쟁은 인정하면서도 핵전쟁만은 반대하는 핵 평화주의 등이 등장하였다.

전쟁을 항상 전체적인 사회 현상의 일부로 보고, "정치의 계속"선상에서 전쟁을 이해하는 개념은 레닌이나 마오쩌둥과 같은 현대 공산주의자들에게까지도 받아들여졌다. 특히 모택동은 전쟁을 "정치의 계속"으로 간주하면서, 전쟁에는 특수성이 있다고 설명하였다. 이 특수성은 "정치가 일정한 단계까지 발전하면 더 이상 종전과 같이 전진할 수 없게 된다. 여기서 정치의 도상에 있는 장애를 일소하기 위하여 전쟁이 발생한다"고 설명하였다. 또한 그는 "정치는 피를 흘리지 않는 전쟁이요, 전쟁은 피를 흘리는 정치라 할 수 있다"고 말하였다.

그러나 민주주의 국가에서는, 전쟁의 개념이 정치의 한 수단으로 이해될 수도 있지만, 공산주의자들처럼 정권의 연장선상에서 전쟁을 이해하지 않고, 국가의 자주권 및 영토 보전을 위한 불가피한 무력 충돌이라고 간주하였다. 전쟁은 외형적으로는 한 집단과 다른 집단과의 싸움이요, 한 국가와 다른 국가와의 싸움이지만, 넓게는 한 이념 대 다른 이념간의 싸움이다. 오늘날은 철학으로는 유신론과 유물론의 대립

이요, 정치적으로는 민주주의와 공산주의와의 대립이요, 종교적으로
는 신앙과 불신앙의 대립이라고 말할 수 있다.

전쟁을 국가간의 무력 충돌, 국가 정책의 계속, 혹은 영웅의 광적 발
작이라고도 한다. 그것은 개인에 따라 견해 차이가 있지만, 전쟁은 분
명 자연 현상이 아니고, 우리의 생존과 문화와 전혀 무관한 것도 아니
다. 또 우리가 좋아하든 싫어하든 전쟁은 인류의 생존 경쟁의 기본 요
소가 되었다. 그러나 어떤 목적이나 이유로 국가간에 전쟁이 발발하
면 개인은 자신의 의사와 상관없이 자동적으로 휘말려 들어가는 것이
현실이다.

특히 우리 나라의 남성들은 미국과는 달리 병역의 의무를 수행해야
한다. 신성한 국민의 의무를 수행하는 기독교 군인들이 전쟁에 대해
서 신앙적으로 올바르게 이해하고 군생활에 적응하는 것이 바람직하
리라 믿는다. 리델 하트(B.H. Liddell Hart)는 "평화를 바란다면 전쟁
을 이해하라"고 충고했다.

1. 평화를 위해 무력을 사용할 수 있는가

평화주의 논쟁

평화주의자들은 사람을 죽일 수 없기 때문에 전쟁을 반대한다고 주장한다. 하지만, 평화주의에도 다양한 의견이 있다. 때로는 평화주의자들간에도 의견이 다르다. 그러므로 이런 여러 다른 주장들을 구별해 이해하는 것은 중요하다. 평화주의 가운데는 도덕적 이론(Moral Theory)을 내세우는 경우도 있지만 그렇지 않은 경우도 있다. 대표적인 네 가지 이론을 먼저 정의하고 이에 대한 일반적인 이해와 기독교인의 평화주의에 대한 입장 등을 살펴보기로 한다.

우주적 평화주의(Universal Pacifism): 이들은 살인과 폭력은 항상 잘못된 것이라고 말하며 모든 관계에서 폭력을 거부한다. 여기에는 개인 관계, 국가 관계, 국제 관계가 포함된다. 살인과 폭력은 어떤 경우에도 정당화될 수 없다. 슈바이처, 간디, 톨스토이 등이 이런 주장에

동의하고 있다.

기독교 평화주의(Christian Pacifism): 이들은 기독교인과 기독교를 믿지 않는 자들을 구별한다. 진정한 기독교인은 살인과 폭력을 결코 용납할 수 없으며, 비기독교인만이 경우에 따라 살인과 폭력을 정당화시킨다고 주장한다. 무저항주의자라고 불리는 것을 좋아했던 허만 호이트(Herman Hoyt)가 이에 속한다.

개인적 평화주의(Private Pacifism): 어거스틴과 관련된 주장인데, 그는 개인적인 폭력행위는 잘못이지만 국가는 때로는 무력을 사용할 수 있다고 했다.

반전 평화주의(Antiwar Pacifism): 자기의 개인적 권리를 보호하기 위해 개인적 폭력은 경우에 따라 용납할 수 있지만 전쟁은 결코 도덕적으로 정당화할 수 없다고 주장한다. 개인들은 폭력으로부터 자기 권리를 보호하기 위해 개인적 폭력은 용납하지만 그러한 폭력을 유발시키는 국가적 폭력은 용납될 수 없다고 주장한다.

이러한 대표적인 평화주의자들의 서로 다른 주장들을 보면서, 기독교인이 과연 전쟁에 참여하여 적군을 죽일 수 있느냐 없느냐 하는 질문에 대하여 논의하는 데는 개인의 정당 방위에 대한 논의보다는 특정한 한 기독교 군인이 전쟁에 참여하는 것이 의무적인 것이냐 또는 허용될 수 있는 것이냐를 결정하는 것이 중요하다고 생각한다.

1. 평화주의에 대한 사회적 논쟁

어떤 사람은 인간의 존엄성을 근거로 평화주의를 옹호한다. 대부분의 사람은 아기가 태어나는 것이나 성장하는 과정을 지켜보면서 또는 살아있는 자연계의 원리를 공부하면서 살아 있는 생명체의 아름다움과 경이로움을 통해 생명의 존귀함을 깨닫게 된다. 이러한 생명에 대한 존귀함과 신성함을 배경으로 여러 형태의 평화주의자의 주장들이 발전되어 왔다. 가장 극렬한 형태는 불교와 비슷한 동부 인도의 한 종파인 자이나교도(Jain)들이다. 이들은 살아 있는 어떤 생명체도 죽이는 것을 금지하고 있다. 이보다 온건한 평화주의자들은 식물은 죽일 수 있지만 동물은 죽일 수 없다는 원칙을 고수하고 있다. 가장 온건한 평화주의자는 단지 사람을 죽이는 일만을 반대하고 있다.

이와 관련된 논쟁들은 살인의 비도덕성을 근거로 나타나고 있다. 논쟁의 핵심은 모든 인간에게는 살 권리가 있으며 이 권리를 누구도 부정할 수 없다는 것이다. 만약 인간에게 살 권리를 인정한다면 생명은 보호해야 하는 것이지 살인은 비도덕적이라는 것이다. 그러므로 누구도 아무리 선한 목적을 가졌다고 해도 타인의 살 권리를 폭력으로 박탈할 수 없다는 주장이다. 전쟁에서는 적군을 살상하는 것은 필수 불가결하다. 그러므로 전쟁은 살 권리를 부정하는 것이며 이는 비도덕적 행위라고 규정할 수밖에 없다. 더구나 새로운 무기의 발달로 대량 살상무기가 개발되고 있는 현 시점에는 전쟁을 통해 민간인의 대량 살상이 증가하는 추세로 볼 때 이는 더욱 비도덕적이라는 것이다.

임마누엘 칸트와 톨스토이 등은 인간은 다른 인류에 대하여 모범이 되는 행동을 해야 한다고 말했다. 이들은 만약 우리가 평화주의자가 되고 만약 우리가 살인하지 않는다면 이 세상은 훨씬 나은 세상이 될 것이라고 말했다.

다른 또 하나의 주장은 20세기의 비폭력(Nonviolence), 무저항주의자 중에 대표적인 인물 간디(Gandhi)에 의해 나왔다. 그에 의하면 폭력은 도덕적으로 잘못된 것이다. 왜냐하면 인간의 정신 세계에 영향을 미치기 때문이다. 인간은 동물처럼 폭력적이지만 정신 세계는 비폭력적이다. 그러므로 선한 목적을 지닌 폭력이라는 것은 동물적 본능에서 오는 것이며 우리의 정신 세계를 오염시킨다. 간디가 주장하는 비폭력주의는 수동적인 것이 아니라 능동적인 개념이었다. 간디는 비폭력주의 행동으로 비록 고통이 따를지는 몰라도 인간의 동물적 본능의 오염으로부터 정신 세계를 깨끗케 할 수 있다고 믿었다. 그러므로 전쟁을 포함한 폭력은 정신 세계를 오염시키고 이를 지배하게 되지만, 불의에 대항하는 비폭력주의는 정신 세계를 깨끗하게 하므로 이를 받아들여야 한다고 주장했다.

2. 평화주의에 대한 성경적 논쟁

기독교 평화주의자들은 예수님의 윤리적 가르침(The ethical teachings of Jesus)에 근거를 두고 있다. 그러나 성경은 평범한 책이 아니라 전체가 하나님의 말씀이다. 하나님의 계시가 최고 정점에 이른 사건은 예수 그리스도가 오신 것이다. 이는 하나님의 계시가 점진적이었다는 것을 말한다(마태복음 5:17; 갈라디아서 4:4; 히브리서 1:2 비교). 신약 성경에 전쟁에 대한 직접적 언급은 없어도, 구약에 나타난 하나님의 성품이 신약 시대에 변화한 것은 아니다. 더구나 기독교인의 전쟁에 대한 태도를 신약 성경에서 찾아볼 수 있으며, 특히 예수님의 가르침을 통해서 찾아볼 수 있다.

평화주의자들은 예수님께서 "화평케 하는 자는 복이 있나니 저희가 하나님의 아들이라 일컬음을 받을 것임이요"(마태복음 5:9)라고 하신 가르침이나, 힘으로 예수를 보호하려는 제자들에게 "네 검을 도로 집에 꽂으라 검을 가지는 자는 다 검으로 망하느니라"(마태복음 26:52)고 하신 가르침 등을 근거로 전쟁을 반대한다. 그런데 누가 "화평케 하는 자"인가? 평화주의자들은 자기들이 "화평케 하는 자"라고 주장하겠지만, 전쟁에 참여하는 사람도 평화를 위해 싸우는 것이다.

평화주의자들은 다음과 같은 성경에 근거하여 그들의 주장을 펴고 있다.

첫째, 누가복음 6장 27~36절에 보면 예수님께서 원수를 사랑하고 우리를 미워하는 자를 선대하고 "네 이 뺨을 치는 자에게 저 뺨도 돌려대며 네 겉옷을 빼앗는 자에게 속옷도 금하지 말라"고 말씀하셨다. 이러한 예수님의 가르침은 신약 성경 전체에 계속된다(로마서 12:17, 21, 13:10; 베드로전서 2:21 비교). 평화주의자들은 이러한 성경 말씀에 근거해서 예수님께서는 기독교인이 전투에 참여하거나 정부의 어떤 특정한 위치에 보직되는 것을 금하셨다고 주장하고 있다. 아그스버거(Augsburger)는 "기독교인은 하나님이신 예수 그리스도에 대한 믿음을 타협하지 않는 정부 조직의 보직에서만 일할 수 있다"고 말하기도 했다.

둘째, 평화주의자들이 가장 자주 인용하는 성경 말씀은 마태복음 5장 38~48절에 나오는 산상수훈에서 찾을 수 있다. 이는 오늘날 기독교인의 행동 수칙이라고 말할 수 있다. 이 본문은 기독교인이 겪는 반대나 박해에서 어떻게 행동해야 된다는 것을 가르칠 뿐만 아니라, 기독교인이 행해야 할 행동에 대하여 말씀하고 있다. "또 네 이웃을 사랑하고 네 원수를 미워하라 하였다는 것을 너희가 들었으나 나는 너희에게 이르노니 너희 원수를 사랑하며 너희를 핍박하는 자를 위하여 기도하라"(43~44)고 예수님이 직접 제자들에게 가르치셨다.

셋째, 기독교인은 하나님 나라의 시민권은 소유한 자라는 것이다. 이 사실은 기독교인은 먼저 예수님과 그의 나라에 충성해야 한다. 기독교인은 결코 민족주의에서 오는 죄를 범할 수 없으며, 하나님의 나라는 초국적이며 우주적이어야 한다. 기독교인은 국가를 존경하고 국가는 사회 질서를 위해 하나님이 인정한 권력이라고 여겨야 한다. 하지만, 국가가 하나님이 인정했다고 해서 하나님보다 우위에 있는 것처럼 통치한다면 하나님에게 복종하듯이 국가 권력에 복종해야 된다는 생각은 잘못된 생각이다. 우리는 정부에 복종해야 한다. 하지만 성경은 맹목적으로 정부에 복종하라고 가르치고 있지 않다(로마서 13장 참고 특히 4절). 그러므로 만약 정부와 하나님과 분쟁이 있다면 기독교인은 하나님께 복종해야 한다.

넷째, 십자가의 윤리적 적용(the ethical implications of the cross)에 관한 것이다. 예수님은 우리에게 좋은 모범이 되어 주셨다. 예수님은 죄 없으신 몸으로 우리를 대신하여 가장 불법적인 불의에 직면하여 희생되셨다. 그러므로 우리도 그렇게 되려고 노력해야 한다. 예수님이 온 인류의 죄를 구속하시기 위해 죽으셨는데 어떻게 기독교인이 다른 사람의 생명을 취할 수 있으며, 특별히 예수 그리스도를 구주로 영접하지 못한 사람의 생명을 빼앗을 수 있겠는가? 살인은 예수 그리스도를 구주로 영접할 기회를 박탈하는 것이다.

다섯째, 교회는 하나의 우주적 공동체라는 사실에서 나온다. 하나님의 나라나 교회가 우주적이고 국가나 인종, 문화를 초월한 것이라면, 전쟁에서 기독교인들간에 서로 다른 국가에 속해서 싸워야 하는 문제를 야기시킨다. 이들의 주장은 어떻게 기독교인끼리 전쟁에서 싸우면서 예수님께 예배하며 그를 따른다고 말할 수 있을까 하는 것이다.

여섯째, 전쟁은 대부분 국가적 자산을 보호하기 위해 싸우는 것인데, 기독교인은 국가가 국가의 자산을 단지 보호하려는 전쟁에는 참여해서는 안 된다고 주장한다. 예수님께서도 물질 만능주의를 경고하셨으며 물질의 소유는 다른 사람을 돕기 위한 수단으로 사용되어야 하지 국가의 자산을 보호하려는 경비에 사용될 수 없다고 주장한다.

3. 평화주의의 사회적 논쟁에 대한 반론

비성서적 근거에 의한 평화주의들의 주장은 꾸준히 비판을 받아왔다. 평화주의자들은 생명의 존귀함이나 신성함을 파괴할 수 없기 때문에 전쟁에 참여할 수 없다고 한다. 그러나 생명을 빼앗는 비도덕적 행위가 생명의 존귀함이나, 신성함과 어떤 연관이 있느냐 하는 의문이 생긴다. 특별히 대량 살상이 이루어지는 경우 이는 단지 살인일 뿐이지, 여기서 더 나아가 생명의 신성함에 도전했다고 생각하기 어렵다. 생명이 신성하다는 의미로 어떤 경우에도 사람을 죽여서는 안 된다는 뜻인가? 아니면 가능한 한 생명을 빼앗지 않도록 최대한 노력해야 한다는 뜻인가? 처음 질문은 평화주의자의 주장이고, 뒤의 질문은 비평화주의자들의 주장이다.

평화주의자는 생명은 신성기 때문에 선한 것이라고 말한다. 선한 것을 파괴하는 것은 비도덕이라는 논리이다. 생명의 파괴가 이 세상에서 비도덕적이라는 주장은 윤리학의 결과론주의자들의 주장과 일치한다. 이 주장에는 우리가 일반적인 내용으로 반대할 수 있다. 만약에 도덕적 선이 인간에게 존재한다고 해도 행동의 결과가 항상 선한 것은 아니다. 어떤 경우는 어떤 특정 집단을 살상해서라도 더 많은 생명을 구하는 일이 우리 앞에 흔히 있지 않는가? 이런 경우 생명의 신성함을 주장하는 평화주의자들이라고 소수의 살상을 포기하고 대량 살상을 묵인해도 된다는 말인가? 아마 대부분의 생명을 파괴하는 행위는 비난을 받아야 하지만 모든 경우에 적용하기는 어렵다.

우리는 이런 생각에도 문제점이 있음을 알 수 있다. 생명을 보존하는 것이 최고의 가치인가? 그리고 이를 위해서는 어떠한 대가도 지불해야 하는 것인가 하는 문제이다. 인간은 다양한 믿음의 의무들을 가지고 살아간다. 때로는 이러한 의무들이 상충될 때도 있다. 이러한 경우에는 단지 한 의무만이 존재한다. 기독교인은 경우에 따라 죽음의 고통 앞에서 믿음을 포기해야 할 것인지 아닌지를 선택해야 할 기로에 있을 수도 있을 것이다. 이 때의 문제는 우리의 의무가 생명을 보존하는 일과 하나님을 사랑하는 일 사이에 진퇴양난의 기로에 있다는 것이다. 많은 기독교인들은 이런 경우 하나님께 복종하기 위하여 생명을 포기해야 한다고 말할 것이다. 마찬가지로 어떤 경우에는 도덕적, 종교적 원칙들을 수호하기 위하여 생명의 신성함에도 전쟁에 의한 폭력은 받아들일 수밖에 없다고 말할 수 있다.

또한 평화주의자들은 다른 사람을 죽이는 것과 죽임을 당하는 것은 다른 것이며 단지 죽이는 행동만이 비도덕적이라고 주장한다. 하지만, 이 결과는 둘 다 생명의 파괴이다. 평화주의자들의 주장대로 생명의 신성함을 인정한다면 이 두 경우 다 인정되어야 할 것이다.

　살인의 비도덕성(the immorality of killing)에 대한 주장도 충분히 반론할 수 있다. 살인은 사람의 살 권리를 파괴하는 것이지만 전쟁에서의 살상은 자신을 보호하기 위한 권리의 수단으로 사용되는 것이 분명하다. 우리가 어떻게 비도덕적 살인자에게 사람의 살 권리를 천편일률적으로 적용할 수 있겠는가? 경우에 따라서는 공격자로부터 자신을 보호하기 위해 살상은 필요로 할 것이다. 살상이 비도덕적이라는 일반적 주장에도 불구하고 자기 방호를 위한 살상은 도덕적으로 용납할 수밖에 없다.

　도덕적 모범 논쟁(The moral exemplar argument)은 어떠한가. 이들은 만약 모든 사람이 평화주의자가 된다면 세상은 더 나은 곳이 될 것이라고 말한다. 이 말을 부정하기는 어렵다. 하지만 이들이 주장하는 "폭력은 결코 사용하지 않는다"는 주장이나, 비평화주의자들의 "정당방위시에만 폭력을 사용한다"는 주장도 만약 모든 사람이 따른다면 결과는 동일할 것이다.

　이들에 주장이 사실일지라도 이러한 규칙들이 우리의 도덕적 의무를 만족시킬 수 있느냐 하는 문제이다. "폭력은 결코 사용하지 않는다"는 규칙이 우리의 도덕적 의무라고 간주한다고 해도, 또 다른 윤리적 의무들이 이 경우를 예외로 취급할 수 있을 것이다. 만약에 "폭력은 결코 사용하지 않는다"는 규칙을 도저히 지킬 수 없는 상황에 이르면 어떻게 될까? 이 규칙은 누구도 폭력을 사용하지 않는다는 가정에서 나온 것이 문제이다.

　우리는 우리 자신을 보호하기 위하여, 또는 모든 사람이 지키려는 생명을 보존하는 등의 더 나은 도덕적 규칙들을 지키기 위하여 필요할 때 폭력을 사용해야 할 것이다. 모든 사람이 폭력을 사용하지 않는 이상적 사회가 있었으면 이들의 주장이 설득력이 있지만 우리가 살고 있는 세상은 죄악 된 사회이며 타락하였고 폭력이 난무하고 있다. 이론적인 이야기이지만 이들의 주장을 받아들인다 해도 일정 기간 동안은 생명을 보존하기 위한 예외 기간이 있어야 할 것이다.

간디가 주장하고 있는 정신 세계에 영향을 주는 비폭력주의도 평화주의를 실현하는 데 실패했다. 이 주장의 핵심은 폭력이 정신 세계를 오염시키고 타락하게 한다는 것이다. 이 주장도 평화주의자에게는 이해가 되어도 비평화주의자들에게는 폭력이 정신 세계에 영향을 미친다는 데 제한적 동의는 가능하지만, 전적인 타락이나 오염으로 확대 해석하기는 어려움이 있다. 다시 말해서 비폭력주의가 평화를 구현시키기에는 역부족이라는 것이다.

4. 평화주의의 성경적 논쟁에 대한 반론

첫번째 반대 의견은 도덕적 이론들은 우주적으로 적용되어야 하다는 주장에 관련된 것이다. 평화주의자들은 기독교인이 최고의 권위로 여기는 성경에 근거한 비판들이 허용되어야 한다고 주장한다. 그러면 이러한 주장을 모슬렘 교도나 불교 신자들이 성경의 가르침을 받아들이고 있는가? 하나님 말씀을 기독교 평화주의자들에게는 순종할 의무가 있어도, 모슬렘이나 불교 신자들에게는 받아들여지지 않을 것이다. 그러므로 기독교 평화주의가 우주적으로 적용되기는 불가능하다.

비록 비기독교인들이 도덕적 의무를 지키는 데 성경의 권위를 거부한다고 해서, 그들이 성경이 가르치고 있는 하나님을 향한 인간의 의무가 자유롭다고 생각할 수 없다. 비기독교인들이 성경의 권위를 거부한다고 해도, 성경은 하나님의 말씀으로 모든 사람에게 어느 때나, 어디서나, 모든 문제에 적용된다. 만약 비기독교인들이 성경의 명령을 지키기를 거부하는 것은 그들 스스로에게 위험이 다가옴을 깨달아야 할 것이다. 여기서 우리가 가지는 진정한 질문은 성경이 불신자에게 적용되느냐 아니냐 하는 문제보다도, 성경이 과연 평화주의를 명령하고 있느냐 하는 것이다. 우리가 믿기로는 성경을 올바로 이해한다면 성경이 평화주의를 요구하고 있지 않다는 것이다.

두번째 반대 의견은 구약 성경에 나타난 전쟁의 가르침이 평화주의를 가르치고 있다는 주장이다. 이스라엘 백성에게는 하나님께서 전쟁을 허락하셨을 뿐만 아니라 전쟁에 참여할 것을 명령하셨다. 특별히 여호수아와 사사들 시대에 가나안 땅을 정복할 때 더욱 두드러지게 나타났다. 심지어 하나님께서는 "거룩한 전쟁(Holy war)"이라고 불리는 전쟁을 이스라엘 편에 서서 싸우라고 말씀하셨다. 더구나 가나안 정복은 다윗 시대가 되어서도 완전히 이루지 못했다. 이스라엘이 남왕국 유다와 북왕국 이스라엘로 분리되어 두 국가로 존재할 때도 싸움은 계속되었고 결국 북이스라엘은 앗수르(Assyria)에 의해 B.C. 722년에 멸망하고 남왕국 유다는 바벨론(Babylon)에 의해 B.C. 586년 멸망하게 되었다. 평화주의자들은 두 가지 구약 성경의 내용을 정리하여 그들의 주장을 변호하려 한다.

첫째, 하나님은 이스라엘 편에 서서 싸우라고 명령하지 않으셨다는 것이다. 그들의 주장은 하나님은 그들의 적을 쳐부수라고 명령하셨고, 이 말씀을 이스라엘 백성이 자기편을 위해 싸우라고 생각했다는 것이다. 그러나 이들의 주장은 잘못된 것이다. 구약 성경에 나타난 하나님의 속성이나 그의 명령을 연구하면 쉽게 증명될 것이다. 우리는 하나님의 말씀을 하나님의 영감으로 쓰여진 하나님의 계시의 말씀으로 받아들여 일점일획도 틀리거나 거짓이 없다고 믿는다.

애굽에서 해방되어 약속의 땅 가나안까지 가는 과정에서 이스라엘은 다른 나라들로부터 불의한 공격과 침략을 당하였다. 이때 하나님께서는 압제를 덜며 악을 응징하기 위한 자기방어적 전쟁을 허락하셨다. 예를 들면 여호수아의 군대는 가나안 사람들의 큰 죄악 때문에 팔레스타인에 있는 가나안 사람들을 멸절시키라는 명령을 받았다(여호수아 6:21, 8:1~2). 이스라엘 사람들이 미디안 사람들로부터 압제를 당하자 하나님께서는 기드온을 세워 그들을 물리치게 하셨다(여호수아 6:7). 이러한 형태의 전쟁 이야기는 구약에 더 많이 기록되어 있다. 공의로우신 하나님은 국가 내에서와 국가들 사이에서의 공의를 실현하기 위해 불의한 정부들은 설사 그것이 하나님의 의해 세워진 정부라 하더라도 공격을 면치 못했다. 때에 따라서는 내란을 통하여 하나님의 공의가 세워졌다. 이스라엘의 통치자라도 그들이 악한 폭군이 되어 있을 때는 하나님께서 그들에 대한 반란을 허락하셨다. 이세벨과 아달랴는 이것에 대한 두 실례이다(열왕기하 9상, 11상). 하나님께서는 특정한 경우에 너무나 분명하게 전쟁을 승인했음을 시편의 내용으로 확인할 수 있다.

나의 반석 여호와를 찬송하리로다
저가 내 손을 가르쳐 싸우게 하시며
손가락을 가르쳐 치게 하시도다

(시편 144:1)

그 입에는 하나님의 존영이요
그 수중에는 두 날 가진 칼이로다
이것으로 열방에 보수하며
민족들을 벌하며
저희 왕들은 사슬로,
저희 귀인은 철고랑으로 결박하고
기록한 판단대로 저희에게 시행할지로다
이런 영광은 그 모든 성도에게 있도다
할렐루야

(시편 149:6~9)

두번째 내용은 좀더 복잡하다. 평화주의자들은 하나님이 구약 시대에는 하나님의 명령에 복종하여 힘을 사용하는 것을 허용 받았지만, 신약 시대에도 이를 동일하게 적용할 수 없다는 주장이다. 구약 시대와 신약 시대는 너무 다르다는 것이다. 구약 시대의 이스라엘은 주변의 적국들에 의해 둘러싸여 있었다. 이런 환경에서는 자기의 영토와 국가를 보호하기 위하여 군대와 무기들이 허용되었다. 하지만, 교회 시대에 들어온 신약 시대에는 교회는 국가가 아니며 영적인 기관이라는 것이다. 기독교인은 순례자요, 이 세상에서는 이방인이다. 그래서 우리가 재산을 소유하는 것도 비기독교인과 다른 방법으로 소유하여야 한다. 그러므로 더 이상 기독교인에게 군대나 무기가 필요 없다고 주장한다.

이 주장도 문제가 있다. 신약 시대에 이스라엘 백성은 아직도 구약 성경에 근거한 율법적 시대를 고수하고 있고, 교회들은 구약 시대의

율법보다 더 높은 기준을 가르친 예수 그리스도의 가르침과 성령의
은혜로 거듭난 삶을 살아가고 있다. 하지만 신약 성경에 근거한 평화
주의자들의 주장이 불일치하는 경우는 찾아볼 수 없다.

무력을 사용하는 문제에 대한 예수님과 신약 성경의 가르침은 분명
하다. 예수님의 일반적인 윤리적 가르침이나 특별히 산상수훈의 가르
침에서도 무력 사용을 완전히 배제하지 않으셨다. 평화주의자들은 동
의하지 않겠지만, 평화주의자들의 예수님의 가르침에 대한 해석상의
근본적인 문제는 개인과 공공의 문제, 즉 개인의 의무와 국가에 대한
의무를 올바르게 구별하지 못하는 것이다. 우리가 개인적으로는 부당
한 공격에 오른 뺨을 맞고 왼편 뺨도 맞을 수 있을 것이다. 하지만, 우
리는 만약 다른 국민이나 제3자를 대변해야 하는 위치에 있을 때 같은
경우를 당한다면 우리의 행동은 달라질 것이다. 왜냐하면 우리는 이
제 개인적인 도덕적 판단의 문제에 있는 것이 아니라 공공 집단이나
제3자의 입장에서 행동해야 되기 때문이다. 이때 우리는 공공의 안녕
과 생명을 보호하기 위하여 필요하면 저항해야 하며, 무력을 사용할
수밖에 없으며, 경우에 따라 공격도 해야 할 것이다.

이웃을 사랑하고 원수까지도 사랑하라는 가르침이 우리 앞에서 어
린이가 납치되어 가고 죽임을 당하는데도 수수방관하라는 가르침이
라고 해석할 수 없다. 우리는 어린 생명을 구하기 위해 필요한 모든 수
단과 방법을 동원해야 할 것이다. 국가는 바로 이런 제3자인 시민을
보호하기 위해 존재한다. 그리고 군인은 이러한 국가를 지키기 위해
존재하는 것이다. 평화주의자들이 인용하여 자기들의 주장을 합리화
하려는 많은 성경 구절들은 대부분 사적인 것이나 개인적 임무에 관
련된 가르침이지 공공의 의무에 이들을 적용시킬 수 없다. 로마서13

절 1~7절의 내용은 국민이 국가 의무에 대한 분명한 가르침이다.

산상수훈을 해석하는 평화주의자들은 너무 문자적으로 내용을 해석한다고 생각할 수 있다. 하지만 예수님의 산상수훈 가르침은 문자적이라기 보다 해석학적으로 접근하여 받아들이는 것이 타당할 것이다. 분명한 것은 "만일에 오른 눈이 너로 실족케 하거든 빼어 내버리라"(마태복음 5:29)라는 말씀이나 "오른손이 너로 실족케 하거든 찍어 내버리라"(마태복음 5:30)는 가르침의 의미는 범죄에 대하여 단호한 결단을 촉구하는 동시에 신체의 한 부분이 실족되더라도 범죄하지 않고 천국에 가는 것이 최선에 선택임을 강조하는 가르침이다. 만약에 우리가 예수님의 가르침을 문자적으로만 해석한다면 얼마나 큰 어려움이 생길까? 누가복음 14장 26절에서 예수님은 "무릇 내게 오는 자가 자기 부모와 처자와 형제와 자매와 및 자기 목숨까지 미워하지 아니하면 능히 나의 제자가 되지 못하고"라고 가르치셨는데, 디모데전서 5장 8절에서는 사도 바울을 통해 "누구든지 자기 친족 특히 자기 가족을 돌아보지 아니하면 믿음을 배반한 자요 불신자보다 더 악한 자니라"라고 말씀하셨다. 문자적으로만 두 구절을 해석한다면 이게 얼마나 큰 모순인가? 그러나 누가복음 14장 26절의 가르침은 예수님의 진정한 제자가 되려면 삶의 우선 순위가 스승이신 예수님에게 있어야 한다는 가르침임을 쉽게 해석할 수 있는 것이다. 심지어 예수님(요한복음 18:22~23)과 바울(사도행전 23:1~5)도 부당한 공격에 대하여 다른 뺨을 맞는 대신 그들의 부당함을 공박하셨다.

홀메스(Arthur F. Holmes)는 구약의 공의(Justice)의 언약과 신약의 사랑(Love)의 언약이 서로 다른 윤리적 원리를 가지고 있는 것을 부인한다. 사랑은 구약과 신약에서 동일시되는 언약이며 이중적 기준이 성경에는 없다고 강조한다. 하나님의 공의가 하나님의 사랑으로 대치될 수 있는 것이 아니라, 사랑은 하나님의 공의를 세우며, 정의를 유지하기 위한 수단인 것이다. 구약과 신약은 이러한 정의 구현을 위한 응징을 공공연히 허락하고 있다. 이런 의미에서 하나님께서는 국가의 권력을 인정하셨다(로마서 13:1~7)

"하나님 나라의 시민권을 가진 자들이 어떻게 전쟁에 참여할 수 있는가" 하는 질문은 어떠한가? 우리가 하나님 나라의 시민권을 가졌다는 의미가 이 세상의 시민권은 가지기 않는다는 의미는 아니다. 이 두 시민권은 서로 상반되고 배타적인 관계인가? 그렇지 않다. 만약 기독교인이 국가로부터 신변 보호나 종교 활동의 자유 등에 보호를 받는 혜택을 입고 있으면서, 이러한 사회적 환경을 지속시키기 위해 무력 사용의 필요성을 국가로부터 요청 받는다면, 기독교인은 행동에 옮겨야 할 것이다. 하늘 나라와 이 세상이 상호 배타적 관계라면 기독교인은 이 세상 사회나 정부와 아무런 관계도 없으며, 그렇다면 우리는 정부에 무엇을 주거나 혜택을 받을 수 없다. 그러나 우리는 정부로부터 각종 혜택을 받고 있으며 이에 따른 책임도 갖고 있다(Responsibilities accompany benefits).

평화주의자들은 또한 십자가의 윤리적 적용이 기독교인으로서 전쟁에 참여할 수 없다고 말하지만 이 주장 역시 모순이다. 십자가의 교훈은 하나님의 공의와 의를 나타내는 것이지 부당한 고통 속에서 하나님의 인내를 보여주는 것이 아니다. 하나님께서는 죄를 심판하시므로 이 세상에서 하나님의 공의로움을 나타내셨으며, 우리 죄를 위하여 대신 죽으신 예수님을 믿는 믿음이 있는 자에게는 죄에 대한 용서를 확고히 하신다. 그러므로 십자가의 윤리적 적용은 하나님의 자비하심과 공의로우신 성품을 이해하는 것이 가장 중요한 내용이지, 평화주의자들의 주장처럼 십자가상에서 죽으신 예수님의 모습과 행동만을 강조하여 고통에서도 인내하신 모습으로 협소한 해석을 해서는 안 된다.

평화주의자들은 그렇다면 어떻게 예수님이 인간의 죄를 위해 죽으셨는데, 그러한 인간을 사람이 죽일 수 있겠느냐고 반문할 것이다. 하지만 예수님은 예수님을 믿지 않고 거부하는 사람들을 위해서 이 땅에 오셨다고 말할 수 없다. 예수님을 거부하고 여러 형태의 지역적, 국가적, 세계적 범죄를 자행하는 집단이나 개인에 대하여 기독교인답게 담대히 대항해야 할 것이다. 결국 예수님을 거부하고 죄의 길에 계속 있는 자들은 예수님이 재림하실 때 영원한 형벌에 처해질 것이다. 또한 원수를 사랑하라는 가르침과 공공정의를 실현하는 것과는 일치할 수 있는 것이 아니다. 사랑은 율법적 공의를 확보해 준다. 하나님이 우리가 죄의 길로 향할 때 이를 돌이키시기 위해 때에 따라 시련을 주시고 처벌하시는 것은 하나님의 공의와 사랑을 동시에 구현하시는 것이다. 그러므로 기독교인들의 무력 사용 역시 공의와 사랑의 구현을 이루기 위해 실현되어야 한다.

교회가 우주적 신앙 공동체(Church is a global community)이기 때문에 기독교인이 전쟁에 참여하는 것은 믿음의 형제 자매를 살상하는 것이므로 반대한다는 주장에도 납득하기 어렵다. 이 주장은 기독교인이 어떠한 전쟁에도 참여한다고 가정하고 있지만, 기독교인은 정당한 전쟁에만 참여하는 것에 동의한다. 그러나 전쟁이 발생하면 쌍방이 정당한 전쟁을 하고 있다고 주장할 것이다. 이러한 경우 기독교인은 정당한 편에서 하나님의 공의를 세우기 위한 싸움에 참여해야 할 것이다. 그리고 때에 따라서는 전투에서 상대편 기독교인을 죽이는 일이 있을 수도 있겠지만, 예수님 재림 때까지는 기독교인이 된다는 것 자체로 이러한 비극적 환난에서 제외될 수는 없을 것이다. 큰 재난이 발생하면 기독교인도, 비기독교인도 같이 희생되는 경우를 자주 목격할 수 있다.

개인 재산 보호를 위한 전쟁에는 참여할 수 없다는 이론도 동의할 수 없다. 역사의 교훈 속에서 우리가 확신하는 것은 전쟁은 정치 목적을 구현하기 위한 무력 충돌의 결과로 자유를 박탈당하고, 대량 학살과 파괴가 불법적으로 이루어지는 경우가 많은데 전쟁을 개인의 재산 보호를 위한 것으로 단정하고 싸움을 거부할 수 있겠는가? 우리는 인간에게 주어진 최고의 가치인 생명의 위협을 막기 위해 싸워야 할 것이다.

5. 기독교 평화주의

기독교인들 가운데도 기독교적 평화주의를 주장하는 네 가지 견해가 있다. 이들 주장은 두 가지 견해에서 중요한 차이점을 지닌다.

첫째, 기독교인의 행동을 규범화할 때 평화주의자들의 이상은 모든 사람이 복종하기를 원하지만, 하나님의 명령을 순종하는 데는 서로 다른 견해를 가질 수 있다. 아그스버거는 평화주의는 너무도 어렵고 지키기 힘든 명령이기 때문에 이에 순종할 수 있는 기독교인에게만 하나님께서 명령하신다는 견해를 가지고 있었다. 이에 반하여 호이트는 신약 성경에 평화주의 또는 무저항주의와 무력의 사용에는 분명한 구별이 있다고 말하고, 무력은 비기독교인에게 대해서만 사용해야 한다고 주장했다.

둘째, 이 두 사람은 기독교인과 군과의 관계에서 서로 다른 의견을 주장한다. 호이트가 기독교인에 대한 무력 사용을 금하면서, 기독교인은 군이나 정부 기관에 근무할 수 있지만 오직 선한 목적만을 이루기 위해 근무해야 한다고 말한다. 예를 들어, 의무부대나 군종 같은 근무를 말했다. 그러나 아그스버그는 이러한 주장은 일관성이 없다고 보고 기독교 평화주의는 일관성이 요구되는데 비전투부대에 근무하며 직접적인 살상에 가담하지 않는다고 하면서, 양심상의 간접적 살상을 지원할 수 없다고 주장했다.

호이트가 주장하는 성경적 무저항주의를 요약하면 다음과 같다.

첫째, 기독교인은 세상과 구별되어 있으며 세상 사람들의 방식대로 살아갈 수 없다(요한복음 15:14, 17:16; 로마서 12:2). 더구나 교회와 국가는 분리된 왕국이다(요한복음 3:3, 5:18, 36).

둘째, 기독교인의 시민권은 천국에 있고(빌립보서 3:20), 기독교인은 이 세상의 순례자요 나그네에 불과하다(히브리서 11:8~16). 그러므로 전쟁에 참가한다는 것은 세상 왕국의 일들에 참가하는 것으로 기독교인은 이를 거부해야 한다.

셋째, 성경은 하늘 나라와 세상의 두 왕국의 분리됨을 가르칠 뿐만 아니라 분리된 왕국이 서로 다른 무기를 가지고 있다고 말씀하신다. 예수님께서 그의 왕국은 물리적 폭력이나 물질적 무기에 의해서 통치되는 곳이 아니다고 분명히 말씀하셨다(요한복음 18:36). 기독교인의 무기는 근본적으로 영적이다(고린도후서 10:4).

넷째, 기독교인에게는 물리적 폭력이 금지되어 있다(마태복음

5:38~48). 예수님께서도 힘으로 대항하기보다는 불의에 순복하는 모범을 보여 주셨다(베드로전서 2:21~24 요일 2:6). 이 뜻은 물리적 힘이 기독교 믿음을 전하는 데 결코 정당화될 수 없다는 의미이다. 하늘 나라 확장을 위한 힘은 순전히 영적인 본질을 가진다(사도행전 1:8; 고린도후서 10:4).

다섯째, 교회가 국가와 하나가 되면 서로 다른 일치할 수 없는 방법들 때문에 믿지 않은 자들로부터 교회가 비판의 대상이 될 수밖에 없다.

여섯째, 기독교인은 선과 축복을 베푸는 수단으로 영적인 힘을 사용할 의무를 가진다. 예수님은 바로 이러한 내용에 본을 보이시고(베드로전서 2:21~24), 말씀하시고(마태복음 5:38~48), 그리고 제자들에게 가르치셨다(로마서 12:17~21, 13:8; 에베소서6:10~13; 야고보서 4:7 ; 베드로전서 5:9).

무저항주의에 대한 호이트의 주장에 대한 성경의 주요 구절은 마태복음 5장 38~48절, 누가복음 6장 27~36절, 로마서 12장 19~21절, 13장 8절 그리고 베드로전서 2장 18~24절이다. 그는 징벌한 응징은 구약 성경의 가르침이지(출애굽기 21:23~25), 신약 성경의 가르침이 아니라고 말한다. 이스라엘은 거듭난 국가가 아니었다. 그러나 교회는 하나님의 율법시대에 있는 것이 아니며 은혜 시대에 있는 것이다. 그는 네 곳의 주요 성경 구절이 믿는 자의 개인적인 행동을 가르치는 내용으로 인용하면서도, 국가가 전쟁에 참여하는 것을 배제시키지는 않았다. 그는 단지 기독교인 개인의 전쟁 참여를 반대할 뿐 국가가 전쟁에 참여해서는 안 된다고 주장하지 않았다. 물론 그의 주장, 무저항주의는 단지 기독교인에게만 적용된다고 주장했다.

그러나 문제는 지금 우리가 인용한 하나님 말씀이 믿지 않는 자에게는 직접 적용되지 않고 믿는 자에게만 적용된다고 말할 수 있는가 하는 점이다. 호이트는 또한 예수님은 생명을 구하러 오신 분이지 파멸시키려 오시지 않았다고 주장한다. 그러므로 기독교인은 생명을 취할 수 없다. 기독교인들의 방법은 세상과 다르다(고린도후서 10:3~4). 예수님께서 자신을 보호하는 방법이 세상에 사람들이 하는 방법과 달랐다(마태복음 26:53~54)고 주장했다.

마지막으로 그는 무저항주의를 재림 신앙 관점에서 설명하였다. 성경은 예수님이 재림 전까지는 이 세상에 전쟁이 있을 수밖에 없다고 가르친다. 기독교인은 이러한 전쟁과 환란이 예수님께서 재림하심으로 궁극적으로 해결됨을 믿는다. 그러므로 기독교인은 지금 악을 행하는 자들을 우리가 응징해서는 안 되고 예수님이 재림하셔서 심판할 때까지 기다려야 한다고 주장한다. 기독교인은 하나님의 최종 심판을 기다리는 동안 영적인 선(spiritual good)으로 물리적 죄악(physical evil)을 물리쳐야 한다(에베소서 6:10~13; 야고보서 4:7; 베드로전서 5:9). 기독교인은 장차 오는 천국의 시민으로서 이 세상에 살아야 한다. 더구나 이 세대의 믿는 자들을 위한 하나님의 계획은 천국 복음화에 있다(사도행전 1:8; 마태복음 28:19~20). 그러므로 우리에게는 전쟁할 시간이 없다고 그의 입장을 설명한다.

호이트는 결론적으로 강조하기를 예수님께서 가이사의 것은 가이사에게 바치라고 말씀하셨으므로 기독교인은 다양한 책임을 지니고 있지만, 예수 그리스도의 재림까지는 무저항주의의 성경적 가르침의 범위 안에서 모든 도덕적 행동이 이루어져야 한다고 강조한다. 그러

므로 기독교인은 전쟁에 참여할 수 없으며, 단지 비전투적 임무에만
종사할 수 있다고 말했다.

6. 호이트의 무저항주의에 대한 반론

원수를 사랑하고 보복하지 말라는(로마서 12:19; 히브리서 10:30)
구절의 해석은 정부의 윤리적 역할을 해석할 때 인용되기보다는, 인
간 상호간의 관계에서 이루어질 윤리적 행동을 강조할 때 인용되어야
할 말씀이다. 그러므로 이 말씀이 기독교인이나 비기독교인이 전쟁에
참여 여부를 금하거나 허용하는 데 인용되어 해석해서는 안 된다. 더
구나 원수를 사랑하라는 말씀이 하나님의 공의를 이루는 일보다 우월
하게 해석되어서도 안 된다. 만약 그렇게 해석한다면 국가가 어떠한
범법자에 대해 아무런 처벌도 할 수 없을 것이다. 이는 무정부 상태의
혼란을 야기시킬 뿐이다. 정부는 사형 제도와 마찬가지로 어떤 보복
의 동기가 전혀 없는 처벌은 행해야 한다. 호이트의 하나님 말씀은 단
지 믿는 자에게 주어진 말씀이라는 주장도 동의할 수 없다. 하나님 말
씀은 모든 인류에게 계시된 말씀이다. 그렇기 때문에 우리는 믿지 않
는 자에게 복음을 전하는 것이다. 심지어 그의 주장대로 믿는 자만이
무저항주의에 순종할 의무가 있다고 한다면, 하나님 말씀이 비기독교
인에게는 적용할 수 없다는 모순이 생기게 된다. 그러나 하나님 말씀
은 모든 인류에게 적용된다.
전쟁은 죄악이기 때문에 기독교인은 참여해서는 안 된다는 그의 주
장에서도 모순을 발견할 수 있다. 만약 전쟁이 죄악이고 기독교인이
참여해서는 안 된다면, 어떤 종류의 전쟁 참여도 죄악을 돕는 행위가

되는가? 그렇다면 비전투근무를 허용한 그의 다른 주장은 모순이 되는 것이다. 기독교인은 전쟁에 참여를 반대하는 것보다 전쟁에서의 비기독교적 윤리적 행동을 비판하고 거부해야 할 것이다.

2. 전쟁을 피할 수 없다면
어떻게 정당한 방법으로 수행할 수 있는가
정당한 전쟁론

정당한 전쟁론도 전쟁은 죄악이라고 말한다. 문제는 전쟁이 선이냐 악이냐 하는데 있지 않고, "전쟁은 어떤 경우에도 피할 수 있는가?" 하는 것과, "이를 피할 수 없다면 어떻게 전쟁을 정당한 방법으로 수행 할 수 있는가?" 하는 것이다.

1. 정당한 전쟁론의 전제 조건

홀메스는 정당한 전쟁에는 다음의 네 가지 전제 조건이 있다고 주장했다.

첫째, 어떤 죄악은 피할 수가 없다. 악은 인간의 타락 이후에 존재해 왔다. 경우에 따라서는 비록 옳은 행동이었어도 결과는 악으로 나타나는 경우도 있다. 때로는 행동하지 않았는데도 악의 결과를 가져

올 때가 있는 것도 사실이다.

둘째, 정당한 전쟁론은 기독교인이나 비기독교인이나 누구에게도 적용된다. 정당한 전쟁은 인간이 항상 어떻게 행하느냐로 설명되는 것이 아니고 "인간이 과거에 어떻게 행동했는가?", "현재는 어떻게 행동해야 하는가?", 그리고 "미래는 어떻게 행동할 것인가?"로 설명된다.

셋째, 정당한 전쟁론은 전쟁 자체를 정당하다고 말하지 않는다. 오히려 공의를 확립하기 위한 전쟁을 시도함으로 공의를 세우기 위한 여러 원칙들을 적용시켜 죄악된 전쟁을 방지하려는 데 주안점이 있다. 전쟁을 합리화하려는 것이 아니라 때에 따라서는 전쟁에서 피할 수 없는 죄악 때문에 그 죄악된 행동에 제한을 가하자는 것이다. 이것은 평화주의가 아니라 평화를 지키자는 것이다.

넷째, 개인적으로 무력 사용의 권한이 없다. 무력은 단지 국가나 정부가 질서를 확립하고 평화를 유지하기 위해서만 사용되어야 한다. 정당한 전쟁론에서 가장 중요한 문제는 개인적으로 기독교인이 전쟁이 참여하느냐 안 하느냐에 있지 않고 국가가 기독교인이든 비기독교인이든 참여할 수밖에 없는 전쟁에 어떠한 정당한 방법과 목표로 참여하여 싸우느냐 하는 것이다.

2. 정당한 전쟁론이란 무엇인가

정당한 전쟁론을 설명하기 위해서 정당한 전쟁론에서 주장하는 의무에 관한 내용을 설명하고자 한다. 어떤 윤리학자들은 의무는 절대적이라고 말한다. 즉 의무는 절대 거절할 수 있는 것이 아니다. 예를 들어 평화주의자들은 우리의 의무는 다른 사람에게 해를 끼치지 않는 범주에서 주어진다는 주장과는 다르다. 또는 어떤 사람들은 의무는 상대적이라고 말한다. 의무는 하나의 격언과 같은 것으로 모든 상황에서 지켜져야 하는 것은 아니라고 주장하기도 한다. 하지만 정당한 전쟁 이론가들은 의무는 절대적이라고 믿는다. 그렇다고 의무를 수행하는데 모든 환경에서 동일하게 적용된다고 할 수는 없다. 정당한 전쟁을 주장하는 자들은 타인을 죽이거나 해를 끼치지 않는 범위 안에서의 의무를 강조하고 있다.

이런 의무에 대한 논리를 전쟁에 적용해 본다면, 전쟁에 참여한 군인이 살상에 있어 명확한 규정이 있어야 할 것이다. 이러한 전투 참여 지침은 정당한 전쟁론의 원칙을 기본으로 세워져야 한다. 이 기본 원칙은 전쟁에 참여할 권리와 정당한 전쟁 수행 지침으로 구분하여 설명할 수 있다.

3. 전쟁 참여 권리(Criteria for the right to go to war) 원칙

- 전쟁에 참여할 권리를 주장하는 것은 합법적이고 해당되는 권력 기관에서 모든 원칙이 세워져야 한다.
- 전쟁은 최후의 선택이어야 한다. 협상과 타협은 최대한 노력한 후 그래도 실패하면 선택해야 한다.
- 공식적인 전쟁 선포가 있어야 한다. 전쟁은 개인에 의해서 선포되어서는 안 되며, 정부나 국가가 선포해야 한다. 선전 포고는 국가의 최고 권력 기관에서 나와야 한다.
- 승리에 대한 합리적인 희망이 있어야 한다. 만약에 일반적이고 합

리적인 승리의 확신이나 희망이 없는 전쟁은 희생만을 강요할 뿐
이다. 그러나 경우에 따라서는 승리에 대한 희망은 희박하더라도
죄악된 행위에 저항하기 위하여 싸워야 할 경우는 있을 것이다.

- 전쟁은 희망하는 목표와 목표를 달성하기 위한 대가가 어느 정도
부합될 수 있을 때 가능하다.
- 전쟁을 통하여 공의와 평화가 확립되어야 한다.
- 공격적 전쟁은 비난받아야 하고, 방어적 전쟁은 정당화되어야 한
다.
- 전쟁은 정당하고 옳은 의도가 있어야 한다. 보복, 정복, 경제적 이
익 또는 사상적 우위를 확보하려는 행위는 비난받아야 한다.

4. 전쟁수행 원칙(Criteria for the right conduct for a war)

- 전쟁을 수행하는 데는 평화를 확보하기 위한 제한적 목표를 가져
야 한다. 전쟁을 통해서 국가의 경제가 붕괴되도록 정치적 기관들
을 파괴하려고 해서는 안 된다.
- 전쟁에 직접적 목표가 사람을 살상하는 데 있어서는 안 된다. 적
병이라도 살상하는 대신 가능한 한 전쟁 포로로 잡아 국제적 협약
에 의해 처리해야 한다.
- 전투에 참여하지 않은 민간인을 공격하는 것은 불법적인 행위이
다.
- 사람에게 불필요한 고통을 주는 행위는 용납할 수 없다. 그러므로
대량 살상 무기는 사용하지 않도록 해야 한다(생화학 무기 등)
- 민간인에 대한 간접적 피해를 고려하며 전쟁을 수행해야 한다.

5. 정당한 전쟁론에 대한 논쟁(Arguments for just war theory)

정당한 전쟁론은 자연법(the natrural Law)과 성경의 가르침을 통해서 변호할 수 있다. 자연법을 통한 정당한 전쟁론을 변호하자면, 적어도 플라톤과 아리스토텔레스 시대까지 거슬러 올라가야 한다. 플라톤은 전쟁의 목적은 단지 평화일 뿐이라고 말했다. 아리스토텔레스는 인간은 감정을 초월한 이성적 판단을 가지고 있으므로 전쟁은 평화를 확보하기 위한 제한적 수단으로 수행되어야 한다고 주장했다.

최초로 정당한 전쟁론을 자세히 기술한 키케로는 인간은 원칙적으로 평화와 질서를 갈망하며, 인간의 이성으로 이 사회에 평화와 질서를 구현할 수 있다고 말했다. 옳은 이성은 진실된 법을 가르치며 변하지 않고 우주적으로 적용될 수 있다. 올바른 이성은 비록 우리의 적군에게도 변절되어 적용할 수 없다. 그러므로 전쟁 역시 도덕적 법에 근거하여 수행되어야 한다고 말했다. 기독교인들과 키케로의 정당한 전쟁론은 두 가지 점에서 서로 다른 점이 있었다.

첫째로 키케로는 전쟁은 평화와 공의뿐만 아니라 정당한 이유가 있어야 하고 명예가 존중되어야 한다고 주장했다. 그러나 그는 보복을 배제하지 않았다. 이에 기독교인들은 전쟁은 단지 평화 유지와 확보를 위해 제한적으로 행해져야 한다고 생각했다.

둘째로 키케로가 적군에 대하여 인도적 취급을 주장한 반면, 기독교인들은 적군에게 자비를 베풀어야 한다고 생각했다. 이러한 서로 다른 점은 키케로는 전쟁을 자연법이나 이성을 바탕으로 이해하려 한 것이고, 기독교인은 기독교적 사랑을 바탕으로 이해했기 때문이다. 전쟁에 대한 기독교적 사랑을 바탕으로 한 이해는 많은 보수적인 기독교 사상가들에게 전통적으로 지지를 받았다(어거스틴, 아퀴나스, 루터, 칼빈, 비토리아 등).

6. 정당한 정쟁론에 대한 성경의 가르침을 통한 변론

정당한 전쟁론을 조직 신학의 교리로도 설명할 수 있다. 이 교리들은 우리가 전쟁을 피할 수 없음을 간접적으로 설명한다.

인간론: 인간은 하나님의 형상으로 창조되었으므로 이에 따른 인간의 존엄성과 근본적 가치를 지닌다(창세기 1:26~28; 시편 8:3~9; 마태복음 10:29~31; 누가복음 12:6; 야고보서 3:9~10). 하지만 인간은 죄인이며 하나님을 배반하였다(시편 51:5; 레위기 17:9; 로마서 3:10~18, 23; 야고보서 4:1~3). 인간의 타락은 구속의 은총을 체험한 기독교인 사회뿐 아니라 모든 인간에게 적용된다(로마서 7:14~25; 야고보서 4:1~3; 요한일서 1:8~10).

국가론: 국가나 정부는 하나님이 인정한 권력 기관이다(다니엘 5:21; 로마서 13:1~2; 베드로전서 2:13~14). 신약 성경에서 국가는 공의와 평등을 유지하기 위하여 존재하며 이를 유지하기 위해 무력 사용도 허락하였다. 이 무력 사용은 정당방위인 경우에 주어진 권한이다(로마서 13:3~4; 베드로전서 2:13~14; 출애굽기 22:2~3). 이에 대한 반론도 적지 않다.

교회론: 교회론을 통해서도 정당한 전쟁론을 설명할 수 있다. 신약

성경에서 가르치는 교회는 예수 그리스도를 구원자로 인정하는 성도들의 공동체를 의미한다. 이 교회는 일반적으로 보다 정의롭고 평화스런 사회의 건설을 위해 적극적인 참여와 책임을 가르치고 있다. 제2차 바티칸 공의회(Vatican II)의 결정을 인용한다면, 비록 교회가 영적인 사역 외에 정치적인 의무나 임무를 가진 것은 아닐지라도, 인간의 권리 보호, 인간의 존엄성 향상 그리고 가정은 하나님을 위하여 헌신해야 된다고 강조하고 있다(마태복음 5:13~16; 로마서 13:1~7; 베드로전서 2:13~14).

교회사 및 종말론: 하나님은 이 세상에 평화, 공의(Justice), 그리고 하나님의 의(Righteousness)를 실현하기를 원하신다(창세기 1:28~30; 사사기 2:14~15, 11:3~9; 요한계시록 21:1~22:5). 하지만 인간의 죄 때문에 인간 역사는 죄와 전쟁으로 가득 차게 되었다(마태복음 24:6~7; 요한복음 16:33; 데살로니가후서 2:3~7; 디모데후서 3:1~9). 인간의 노력으로 이 지상에 하나님의 나라를 건설할 수 없게 되었다. 하나님께서는 예수님께서 재림하실 때까지 인간 역사를 주관하셔서 평화 그리고 공의를 세우기 위해 섭리하실 것이다(사사기 2:1~4, 9:7, 11:3~9, 요한계시록 21:1~22:5).

성경의 가르침을 통한 정당한 전쟁론의 두번째 주장은 성경이 사람을 죽이는 행위를 절대적으로 금하는 것이 아니라는 사실이다. 십계명 중 제6번째 계명은 "살인하지 말지니라"라고 가르치셨다. 이 계명을 받을 당시 이스라엘 백성들은 하나님이 명령하신 이집트로부터 가나안 정복 여행을 하는 도중이었다. 이 역사적 기간 동안에 이스라엘 백성은 전쟁으로부터 생명의 위협을 받았다. 이러한 이스라엘 민족이 직면한 이방인들로부터 위협 가운데, 동족끼리의 살인은 민족적 단결에 큰 장애가 될 수밖에 없었다. 하나님은 개인이 사람을 죽이는 행위를 금하셨지만, 모세의 율법은 여러 형태의 범죄에 대하여 사형을 허락하였다. 이러한 내용을 고려할 때 십계명 중 제6계명은 모든 살인에 적용한다고 볼 수가 없다. 특히 이 계명을 전쟁을 금지하려는 조항으로 해석할 수만은 없다. 어떤 범죄에 대한 사형의 요구는 모세의 법에 여러 번 반복되었는데, 예를 들면 신명기 19:11∼13이 그러하다.

"그러나 만일 사람이 그 이웃을 미워하여 엎드려 그를 기다리다가 일어나 쳐서 그 생명을 상하여 죽게 하고 이 한 성읍으로 도피하거든 그 본 성읍 장로들이 사람을 보내어 그를 거기서 잡아다가 보수자의 손에 넘겨 죽이게 할 것이라 네 눈이 그를 긍휼히 보지 말고 무죄한 피 흘린 죄를 이스라엘에서 제하라 그리하면 네게 복이 있으리라"

구약 성경에는 계속적으로 정당한 살상이 기록되어 있다. 아브라함은 그의 조카를 구하기 위해 군사적 행동을 취했다(창세기 14:13~16). 여호수아, 다윗 그리고 많은 구약의 사사들이 군사적 분쟁에 참여하여 승리를 거두었는데, 이런 모든 전쟁의 사건들이 하나님께서 허락하지 않은 행동이라고 누구도 말할 수 없다. 사실 믿음에 대하여 기록한 히브리서 기자는 "저희가 믿음으로 나라들을 이기기도 하며 의를 행하기도 허며 약속을 받기도 하며 사자들의 앞을 막기도 하며 불의 세력을 멸하기도 하며 칼날을 피하기도 하며 연약한 가운데서 강하게 되기도 하며 전쟁에 용맹 되어 이방 사람들의 진을 물리치기도 하며"

(히브리서 11:33~34)라고 기록하고 있다.

인간의 존재 때부터 전쟁이 계속되었음을 구약 성경을 통해서 알 수 있지만 전쟁이 영예롭게 여겨지지는 않았다. 구약 성경의 가르침은 전쟁을 통한 파괴를 슬퍼했으며 통제된 전쟁 수행 과정을 찾아볼 수 있다. 이스라엘 백성이 가나안 정복 작전을 할 때도 제한된 무력 사용과 파괴를 지시 받았다(신명기 2장). 다윗은 여호와의 성전을 건축하는 그의 꿈을 하나님으로부터 허락받지 못했다. 그 이유는 그가 전쟁에 참여하였고 피를 흘렸기 때문이었다(역대상 22:8~9, 28:3). 시편 46편과 120편에서는 전쟁의 파괴된 모습과 폭력을 슬퍼하고 있으며 하나님께서 "저가 땅 끝까지 전쟁을 쉬게 하심이여 활을 꺾고 창을 끊으며 수레를 불사르시는도다"(시편 46:9)고 기록하여 전쟁에 대한 하나님의 간섭을 기록하고 있다. 더구나 선지자들은 메시아 왕국의 평화와 공의가 도래하기를 간절히 바라고 있다(사사기 2:1~4, 9:1~7, 11:1~9, 65:19~25). 선지자들은 그들의 형제를 죽이는 방종한 폭력들을 신랄히 비난했으며 예루살렘의 파괴를 슬퍼하였다(예레미야 애가).

신약 성경에는 전쟁에 관한 이야기가 구약 성경에 비하여 적게 언급되고 있다. 홀메스는 그 이유를 구약은 이스라엘 국가를 위하여 말씀하셨지만, 신약은 개인들을 위하여 직접 말씀하셨기 때문이라고 생각한다. 그렇다고 신약 성경이 이 문제에 대하여 전혀 침묵하고 있는 것은 아니다. 군인들이 세례 요한을 찾아와 하나님의 백성으로서 어떻게 행동해야 하는지를 물었다. 이에 "…사람에게 강포하지 말며 무소하지 말고 받는 요를 족한 줄로 알라"(누가복음 3:14)고 대답했다. 예수님께서는 로마 군대 백부장의 믿음을 칭찬하셨다(누가복음 7:1~

10). 사도행전 10장에 소개되는 로마 군인 백부장 고넬료는 "경건하여 온 집으로 더불어 하나님을 경외했다"고 칭찬받고 있다(사도행전 10:2). 또한 그는 온 유대인들로부터도 존경을 받았다고 기록하고 있다. 베드로가 이런 고넬료에게 하나님 말씀을 전함으로 이방인 고넬료에게도 성령이 임하고 구원을 받게 되었다. 베드로는 이때 고넬료에게 구원을 받았으니 너는 로마 군대를 떠나야 한다고 말하지 않았다.

전쟁에 관한 구약과 신약 사이에 윤리적 지속성(Continuity)을 설명하는 중요한 본문은 로마서 13:4절로 생각된다. "그는 하나님의 사자가 되어 네게 선을 이루는 자니라 그러나 네가 악을 행하거든 두려워하라 그가 공연히 칼을 가지지 아니 하였으니 곧 하나님의 사자가 되어 악을 행하는 자에게 진노하심을 위하여 보응하는 자니라."

바울 사도는 로마서 13장에서 국가의 권세는 하나님으로부터 나온 것이기 때문에 복종해야 한다고 말한다(1절). 하나님이 허락한 국가 권력에 저항하는 것은 하나님을 저항하는 것이다(2절). 국가 권력을 행사하는 자들은 선을 행하는 자를 위협해서는 안 되며 악을 행하는 자에게는 두려움이 되어야 한다고 말한다(3절). 이 말씀은 국가 권력이 칼을 가지는 것을 허용한다는 것이다. 이 칼은 때로는 죽음을 가져오는 일에 사용되기도 할 것이다. 그러나 국가가 가진 이러한 권력은 악을 제하고 시민의 공의와 질서를 확립하는 제한된 범위에서 주어진 것이 분명하다. 국가는 외부의 공격으로부터 자신을 방어하기 위한 무력 사용의 권한이 있다는 뜻이다. 이 본문은 또한 이러한 목적을 달성하는 데 따르는 살상을 용인하고 있는 것이 분명하다.

혹자는 이 구절에서 검은 상징적 권한을 나타내는 것이지 무력을 사용하는 것을 허락한 말씀이 아니라고 반박할 수 있겠지만 여기에 검은 원어적으로 살상 무기를 가리킨다(사사기 3:16).

7. 정당한 전쟁론에 대한 반대

정당한 전쟁론을 주장하는 자들은 죄성이 강한 인간이 그들이 옳다고 생각하는 것은 옳게 행할 수 있다고 너무 자만하고 낙관한다고 비판한다. 이들은 전쟁을 수행하는 데 인간의 본질은 어떤 도덕적 원칙이나, 세계적으로 인정할 수 있는 이성적 기준을 실현할 수 있다고 믿는다. 하지만, 도덕에 관한 이론과 사상은 과학처럼 증명할 수가 없다. 공의에 대한 이상과 이를 전쟁에 적용하는 것은 별개의 문제로 정당한 전쟁론의 내용을 동의하고도, 이를 지키는 문제와 행동은 일치할 수 없는 경우가 많다. 더 어려운 문제는 정당한 전쟁 주장자들은 인간의 감정이나 열정을 통제하는 이성과 법의 능력을 지나치게 낙관하는 것이다.

인간은 경우에 따라서는 자기가 옳다고 생각하는 것이 무엇인지 알면서도 스스로를 속일 수 있으며, 개인이나 국기의 이익이 무엇인지 알면서도 이를 거역하는 행동을 할 수 있는 존재다. 이러한 인간을 믿고 정당한 전쟁을 용납할 수 없는 것이므로 인간이 전쟁을 허용하는 것은 죄악이라고 말한다.

이러한 문제점을 우리는 쉽게 사라지게 할 수는 없다. 현대전에서도 이와 같은 문제점이 곳곳에서 드러나고 있기 때문이다. 그러나 윤리적 기준은 지금까지 어떻게 행해졌는가가 아니라, 어떻게 행해야하는가를 규정한 것이다. 만약 도덕적으로 복종해야 할 어떤 행동이 있다면, 사람들이 복종하지 않기 때문에 이 도덕적 기준을 없애야 한다고 말할 수는 없다. 인간이 성경에 하나님이 말씀하신 각종 윤리적이고 도덕적인 명령들을 자주 범한다고 그 말씀을 성경에서 제거할 수는 없다.

핵무기와 같은 대량 살상 무기의 발달로 정당한 전쟁론에서 주장하는 기준들을 더 이상 적용하기 불가능하다고 주장한다. 하지만 핵무기와 대량 살상 무기가 모든 전쟁에서 사용되는 것이 아니며 이러한 무기의 가공할 위력 때문에 전쟁이 억제되는 현상을 우리는 발견할 수 있다.

3. 적의 도발을 막기 위한 선제 공격은 용인될 수 있는가
십자군 또는 예방 전쟁론

예방전쟁론은 원칙적으로는 정당한 전쟁론에 동의한다. 하지만 정당한 전쟁은 방어 전쟁 개념이 기본이지만, 예방 전쟁은 전쟁을 예방하기 위해서는 사전 공격 전쟁도 정당화되어야 한다고 주장한다. 이 주장을 정립시킨 브라운(Harold O. J. Brown)은 전쟁은 정당화될 수 있다고 주장하고, 정당한 전쟁 주장자들은 전쟁을 정당화시키는데 공격으로부터 사신을 방호하기 위한 국가적 권한에 세한을 두었지만, 현대전과 같은 복잡한 전쟁 양상에서는 정당한 이유가 확대 해석되어야 한다고 주장한다. 그는 확대 해석할 수 있는 두 경우는 십자군 전쟁과 예방 전쟁이라고 말했다.

1. 십자군(Crusade) 전쟁

십자군 전쟁은 현재의 공격에 대항하는 전쟁이 아니라, 과거의 권리 회복을 시도한 싸움이다. 이 전쟁의 목표는 정복이 아니라 재정복인 것이다. 예를 들어 캄보디아에서 대량 학살을 막기 위한 해방 전쟁이 이에 속한다. 브라운은 십자군 전쟁을 평가하는 두 가지 기준을 다음과 같이 설명했다.

첫째, 대량 학살 방지를 위한 경찰 역할의 개입이다. 만약에 우리의 이웃에서 어린이를 죽인다든가 부녀자를 학대하며 불법적 행위를 자행한다면, 당신이 이 일에 개입한다든가 경찰에 연락하여 이러한 잔악한 행위를 중단시키는 것이 정당하지 않겠는가? 이러한 생각을 국가적 차원에서 적용하여 정당화시킬 수 있다는 주장이다.

둘째, 십자군 전쟁은 큰 죄악 행위보다 작은 죄악 행위를 더 정당화한다. 십자군 전쟁은 더 큰 죄를 막기 위해 원정하여 정복하거나 주둔하는 것을 정당화한다.

2. 예방 전쟁(Preventive War)

예방 전쟁은 공격에 대한 반응이 아니라 공격을 대비한 사전 예방 행동이다. 이 전쟁은 아직 자행되지 않는 죄악을 사전에 막기 위한 예방적 조치인 것이다. 가장 좋은 예는 1967년에 이스라엘이 감행한 6일 전쟁이 그것이다. 이스라엘은 아랍 주변 국가들의 단합과 이스라엘을 침공할 징후를 포착하고 먼저 선제 공격을 이들에게 감행 6일 만에 국가 목표를 달성하였다. 그리고 이스라엘은 그들의 공격은 정당방위였다고 주장하고, 선제 공격을 통하여 이스라엘 국민의 살상을 막을 수 있었다고 그들의 공격을 정당화시켰다. 만약 한 국가가 다른 국가를 위협하는 것이 명확하다면 이들의 위협을 제거하기 위한 공격을 정당하다는 것이다.

십자군 전쟁이나 예방 전쟁의 주장자들이 말하는 현대전의 복잡성이나 다양성 즉, 재래식 전투 양상에서 정당하거나 비정당하다고 생각되는 기준들을 현대전에서 적용시킬 수 없는 어려움을 충분히 이해할 수 있다. 또한 국가가 국민을 속여 어려운 전쟁에 몰아넣을 수도 있다. 하지만 다음과 같은 이유 때문에 윤리적으로 이 이론을 받아들이기 어렵다.

첫째, 전쟁의 정당성을 계속 확대하여 해석하기 시작하면 이 세상에서 자행되는 모든 전쟁이 정당화될 수밖에 없다. 최초의 피해를 막기 위해 선제 공격을 용인한다면 현대에 있었던 어떤 전쟁도 적에 의해서 자행되었다고 말할 수 있겠는가? 위협에 대한 주관적인 판단이 모든 전쟁 도발을 합리화시킬 수 있을 것이다.

둘째, 이 전쟁 이론은 큰 죄악 행위보다 작은 죄악 행위를 더 정당화시키는 데 큰 비중을 두고 있다. 이 원칙은 실용주의나 결과론적 윤리를 주장하는 자들과 핵심을 함께 한다. 홀메스는 다음과 같이 이 주장에 대해 경고한다. "실용주의는 소수의 권리를 보장하지 못하며, 선과 악을 정의하지도 못할 뿐만 아니라 좋은 결과를 이끌어낸다는 이유로 또 다른 악을 행할 수 있다." 더 작은 죄악은 용납된다는 것은 윤리적으로 받아들이기 힘든 원칙이다. 기독교인은 더 큰 죄악을 피하기 위해 노력해야 하지만, 근본적으로 선한 행동을 하는 데 더욱 노력해야 한다. 이 논리는 더 악한 죄악보다도 덜 악한 죄악을 강조하는 원칙을 받아들임으로 무섭고 더 악독한 죄악을 인정하게 된다. 이 이론은 현대전에서의 어려움과 문제의 중요성을 부각시키는 데는 성공했지만, 정당한 전쟁의 제한적 요소들에 융통성을 부여하고 말았다. 차라리 더 큰 죄악 행위를 용납하는 것보다 정당한 전쟁론의 제한 속에서 이들의 의도를 충분히 달성할 수 있을 것이다.

4. 전쟁억제를 위해
핵무기를 보유할 수 있다는 것은 모순이다
핵 평화주의

일본 히로시마에 12,000톤의 TNT 위력을 지닌 원자 폭탄이 폭발하였다. 미국이 보유하고 있는 대륙간 탄도탄(Minuteman II)은 일본 히로시마에 투하된 원자 폭탄보다 무려 100배나 더 위력이 강한 약 TNT 1,200,000톤의 폭발력을 지니고 있다. 미국만도 이런 대륙간 탄도탄을 450기 이상 보유한 것으로 알려져 있으며 러시아, 영국, 프랑스, 중국, 인도도 핵무기를 보유하고 있다. 이스라엘과 남아프리가 등 몇몇 국가들도 핵무기를 보유하고 있는 것으로 믿어지고 있다. 구 소련연방공화국이 붕괴되어 지금은 핵무기나 그들이 보유하고 있는 생화학 무기 등이 테러 국가나 테러 집단에 넘어가는 것을 막기 위해 미국과 러시아는 많은 노력과 자금을 투자하고 있다. 이론적인 이야기가 될지도 모르지만 세계가 보유하고 있는 핵무기와 생화학 무기를 동시에 사용한다면 전 세계의 도시들을 수십 번 이상 파괴할 수 있는 위력이 있다고 전문가들은 경고한다.

핵무기와 생화학 무기들의 운반 수단도 다양하게 발달하여 폭격기, 전략 폭격기, 대륙간 탄도탄, 잠수함 발사 대륙간 탄도탄, 해상, 공중, 육상에서 발사할 수 있는 크루즈 미사일, 단거리 로켓, 야전 포병 무기 심지어는 지뢰 등에도 장착된다. 만약 인간의 실수로 전략적 대륙간 탄도탄이 발사된다고 해도 현재까지의 기술로는 이를 다시 회수할 수 없으며, 요격 시스템의 100% 성공도 보장할 수 없다. 이러한 현대전에서의 가공할 파괴력과 위협 아래서 정당한 전쟁론이 받아들여질 수 있는 것인지 의문을 제기되기 시작했다. 그리고 이에 따른 여러 가지 주장들이 나타났다.

핵 평화주의자들은 평화주의자들과는 달리 모든 형태의 전쟁을 부도덕하다고 생각하지 않는다. 단지 핵무기를 상대방의 공격을 억제하기 위하여 보유할 수는 있지만, 전쟁에 절대 사용해서는 안 된다고 주장한다. 핵 평화주의는 도덕적인 면과 실제적 측면에서 논란을 불러일으키고 있다. 가장 일반적인 장점은 핵무기가 결코 재래식 무기와는 파괴력이나 살상력, 그에 따른 후유증에 있어서 재래식 무기와 비교할 수 없다는 것이다. 그러므로 핵무기는 무기라기보다는 대량 파괴, 대량 살상의 도구이므로, 이것을 전장에서 사용해서는 안 된다고 주장한다. 만약에 세계적인 핵전쟁이 발발한다면, 지구상의 생명체는 사라질 것이다. 설령 살아남는다고 해도 방사능의 후유증으로 인한 부작용이 얼마나 심각할지 알 수 없다.

심지어 과학자들 중에는 핵전쟁의 결과로 지구에 생명체가 존재할 수 없을 것이라 경고하기도 한다. 핵전쟁은 분명히 패자만 있을 뿐이지 승자가 없는 전쟁이 될 것이다. 핵무기 보유가 국가 이익에 도움이 된다고 생각할 수 있을지 모르지만, 한 국가의 핵무기 보유는 인접 국

가의 더 강력한 핵무기 및 신형무기의 개발 노력으로 세계가 인권이
나 인간의 생활 향상에 노력하는 것보다 군비 경쟁에 치우치게 할 것
이다.

전쟁 억제력을 위하여 핵무기를 보유해야 한다는 주장을 하기도 하
지만, 이는 한 국가가 민족적 방어 목적을 위해 다른 국가에게 무력을
과시하고 어떤 의미에서는 공갈 협박하는 윤리적 모순을 지닌다. 전
쟁 억제력을 위해 핵무기를 보유할 수 있다는 주장은 도덕적으로 받
아들여질 수 없다. 한 국가가 재래식 전쟁에 휘말리게 될 경우, 전세의
분리나 신속한 전쟁 종결을 위해 전쟁 억제를 위해 보유한 핵무기를
사용할 경우가 발생할 것이다. 핵 평화주의자들의 이러한 주장은 상
당한 설득력을 지니고 있다. 그러면서도 이들의 주장은 현실적으로
실현 가능성 여부 문제로 논란을 불러일으키고 있다.

첫째, 핵 평화주의를 주장하는 것은 너무 이 세상이 지상 천국이 될
수 있다는 희망 없는 이상에서 나온다. 마치 아라비안 나이트에 나오
는 병에서 탈출한 마귀를 다시 병에 집어넣겠다는 생각과 같다. 현재
이 세상이 핵무기가 개발된 상태가 아니고, 배지된 상태가 아닌 경우
는 혹시 핵 평화주의가 가능할지 몰라도 이미 개발되어 배치된 상황
에서는 불가능하다고 판단된다. 사실상 핵무기의 부분적 감축이나 폐
기는 가능하겠지만, 핵무기 없는 세상을 기대하기는 어렵다. 혹시 서
로가 폐기하겠다고 약속하고도 이 폐기 여부를 국제적으로 누가 감시
하며 보장할 수 있는가? 걸프전에서 사담 후세인의 경우나 북한의 핵
개발 의혹에 관련된 최근의 사태를 보면서 핵 개발 저지가 얼마나 어
려운지 우리는 실감할 수 있다.

둘째, 과학과 군사 기술 발달로 앞으로 핵무기 개발은 특정 국가나 연구소에서만 개발이 가능한 것이 아니고 누구나 연구하고 노력하면 소규모의 핵폭탄을 만들 수 있는 환경이 문제가 된다. 미국에서 한 대학생이 핵폭탄을 설계했다는 기사는 우리에게 많은 것을 시사하고 있다. 만약에 테러 집단들에 의해 핵폭탄 제조가 현실화된다면 세계는 어떻게 이 문제를 대처해야 할 것인가?

5. 기독교는 전쟁에 대해 어떤 태도를 취해 왔는가

기독교의 전쟁관

잦은 전쟁과 지역 분쟁 때문에 초기 교회 시대 때부터 교회나 기독교인은 전쟁에 대하여 어떠한 태도를 취해야 할 것인지 고민하였다. 평화의 왕으로 오신 예수 그리스도를 믿는 기독교인이 과연 군에 입대하여 전쟁에 참여할 수 있는 것인가? 기독교인이 전쟁에 참여한다면, 적이라고는 하지만 하나님이 창조한 인간을 죽일 수 있는가? 이런 질문에 대한 기독교인들의 생각은 오랜 세월 동안 논의되며 발전되어 왔다.

구약 성경에는 수많은 전쟁과 믿음의 용사들의 무용담이 기록되어 있다. 전쟁이란 단어는 119회, 싸움은 306회, 군대라는 단어도 225회나 구약 성경에 기록되어 있고, 무기의 종류도 창, 칼, 활, 갑옷, 투구, 병거, 말 등 다양하게 등장한다.

이스라엘의 전쟁은 가나안 침입으로 시작되고, 이스라엘 왕국의 설립 전후로 주변의 여러 국가와 싸움을 하였다. 초기에는 전쟁이 하나님의 뜻에 의한 것으로, 여호와 하나님의 의해 선포되고, 싸우는 것으로 "거룩한 전쟁"이라 일컬어졌다. 그러므로 전쟁 전에 희생 제사가 드려지고, 위기에 직면하면 하나님의 뜻을 묻게 되었다(사무엘상 7:8, 14:37, 23:2, 28:6). 또한 승리할 때는 감사제가 드려졌다(역대하 20:21). 왕국 시대가 되어서는 사사 시대의 싸우시는 하나님의 개념이 사라지고, 선지자들에 의해서는 반역한 이스라엘에 대한 심판으로서의 싸움, 또는 교만한 이방 국가에 대한 하나님의 심판으로서의 싸움이 전쟁의 개념으로 부각되었다.

신약 성경에는 전쟁에 대한 직접적인 언급은 없다. 그러나 신약 성경에서의 전쟁에 대한 개념은 하나님을 인정하기를 기쁘게 여기지 않는 자가 하나님의 형벌을 받고 있는 것이고(로마서 1:28~29), 그들의 욕정에 의해 생기는 것으로 암시하고 있다(야고보서 4:1~3). 예수님은 구체적으로 전쟁에 대해서 언급하신 적은 없다. 그러나 로마 군대에 예수님을 따르는 기독교인이 있었다. 예수님께서 가버나움(Capernaum)에 들어가시는데 한 백부장이 찾아와 자기 하인이 중풍병으로 집에 누워 심히 고생하고 있으니 고쳐달라고 부탁했다. 예수님이 직접 백부장의 집을 방문하여 하인의 병을 고쳐 주려 할 때 백부장은 "주여 내 집에 들어오심을 나는 감당치 못하겠사오니 다만 말씀으로만 하옵소서"(마태복음 8:8)라고 말했다. 예수님은 하인의 병을 고쳐 주시고 백부장의 믿음을 이렇게 칭찬하셨다. "내가 진실로 너희에게 이르노니 이스라엘 중 아무에게서도 이만한 믿음을 만나보지 못하였노라"(마태복음 8:10; 누가복음 7:1~10).

예수님이 십자가에 못박혀 돌아가신 후 성소 휘장이 위로부터 아래로 찢어지고 땅이 진동하며 바위가 터지고 무덤이 열리는 놀라운 광경을 지켜보던 한 백부장이 "이는 진실로 하나님의 아들이었도다"라고 고백했다(마태복음 27:54).

고넬료(Corneilus)는 지금 군대 조직으로 말하면 로마 군대의 이탈리아(Italian) 연대 소속으로 가이사라고 불리는 지방에서 근무하는 백부장이었다. 그는 경건하고 온 집안과 더불어 하나님을 경외하였는데 베드로에 의해 복음을 듣게 되었고(사도행전 10:1~48) 최초의 이방인 개종자로 기록되었다.

바울은 빌립보 교인에게 편지하면서 자기의 감옥 생활이 자기를 지키는 시위대 군인과 로마 황제의 일을 돕는 상당한 지위에 있었던 가이사의 집 사람 중에 구원을 가져오는 결과를 낳았다고 기록하고 있다(빌립보서 1:13, 4:22). 이처럼 성경은 전쟁의 수많은 기록과 믿음의 용사들의 무용담으로 가득 차 있다.

많은 역사적 자료를 찾아볼 수는 없지만 2세기말까지는 일부 교회 지도자들의 반대에도 불구하고 기독교인이 로마 군대나 로마 제국 군대에 소속된 근거들이 발견되고 있다. 그러나 대부분 기독교인들은 군국주의(Militarism) 대신에 평화주의(Pacifism)사상을 더욱 선호하였다. 3세기에 이르러는 로마 군내에 많은 기독교인이 벗겨나가 로마 제국을 유지하는데 부정적인 요소가 된다고 판단하여 로마 황제는 많은 기독교인을 핍박하고 처형하기도 하였다. 이 당시에 군에 있던 기독교인의 신앙적인 고민은 그들이 군국주의를 반대하고 평화주의를 옹호한다는 사상적 문제가 아니라 황제에게 충성을 서약한 그들의 군복무 환경이 하나님을 유일신으로 섬기지 못하고 우상숭배 의식에 참여할 수밖에 없다는 데 있었다. 이런 문제로 초대 교회 기독교인 가운데는 로마 군대에 입대하는 것을 거부하고 때로는 군대에서 떠나는 기독교인이 생기게 되었다.

주후 170년경에 쓰여진 일부 외경과 로마 기독교인들의 교회 지침서에서는 기독교 군인이 사람을 죽일 수 없다고 가르치고, 만약 이런 환경에 처하면 이를 거부해야 한다고 기록되어 있다. 이러한 사상적 또는 신앙적 견해 차이 때문에 로마 군대에서는 기독교 군인에게 비교적 전투 임무보다는 일반 공공 기관 근무를 시키기도 했는데 교회 지도자들 사이에서도 이러한 문제에 대해 의견의 일치를 보지 못했다.

4세기에 들어서는 많은 기독교인이 로마 정부나 군대에 입대하며 근무하게 되었다. 특히 콘스탄틴(Constantine) 황제가 기독교인이 됨으로 기독교인이 군복무를 가장 꺼리게 하던 우상숭배 등에 관한 서약이나 환경이 거의 사라지게 되었다. 콘스탄틴 황제로 인하여 기독교인이 야만인이요 천민 계급들의 종교라는 개념도 사라지게 되었다. 일부 로마 시민권을 가진 기독교인이 사람을 죽일 수 없다는 이유로 정부나 군 복무를 하지 않고, 로마 시민으로서 이익을 누리던 일부 기독교인이 이제는 군복무를 회피할 이유를 말할 수 없게 되었다.

4세기말에 와서는 기독교인은 정당한 전쟁이 발발하면 참여해야 한다는 분위기가 조성되었다. 이와는 반대로 기독교인은 어떠한 전쟁도 참여할 수 없다는 평화주의자들의 주장도 강하였다. 초기 교부인 어거스틴(St. Augustine, 354~430)은 군에 입대하여 복무하는 것이 좋은 기독교인이라고 기록하기에 이르렀다. 그는 한 로마 장군이 기독교 군인이 만약 전투에 참여해야 할 경우, 전투에 참여해야 할지 아니면 수도원으로 들어가야 할지 의문이라는 질문에 대하여, 군인은 전투에 참여하여 평화를 회복하고 정의를 확립해야 된다고 답변했다.

이러한 생각은 단지 어거스틴뿐만 아니라 그 당시에 활동한 플라톤 (Plato)이나 키케로(Cicero)와 같은 사상가들에 의해서도 주장되었다. 특별히 어거스틴은 평화주의자이면서도 정당한 전쟁 이론을 수용하였다.

이들은 전쟁은 합법적인 지도자에 의해 수행되어야 하며, 기독교적 사랑의 실천이 수반되어야 한다고 생각했다. 죽이는 행위와 사랑을 비교할 수 있는 것은 아니지만 죽이는 행위는 신체적이나 외적인 행위를 요구한다면 사랑은 내적인 감정을 말하는 것이다. 더구나 어거스틴은 정당한 전쟁은 확실한 기준을 가지고 수행되어야 한다고 가르쳤다. 정당한 전쟁이라고 해서 불필요한 폭력이나 파괴가 자행되어서는 안 된다. 또한 그는 정부 조직이나 군대에 있는 기독교인이 전쟁이 발생하면 싸워야 하지만 목사와 같은 성직자는 싸워서는 안 된다고 가르쳤다.

중세기 초기가 되는 동안 평화주의와 정당한 전쟁 이론이 기독교계에서 쌍벽을 이루며 논쟁거리가 되었다. 전쟁에 참여한 기독교인들에 대하여 명예롭게 생각하지도 않았으며 사람을 죽인 기독교 군인들은 오랜 기간동안 회개하는 시간을 갖게 되었다. 하지만 11세기에 들어서는 십자군에 의하여 전쟁이 주도되면서 새로운 기류가 조성되었다. 1095년 클렌멘트 공의회(Council of Clement)에서 우르반 2세(Urban II)는 기독교가 아닌 이방인들에 의해 통치되는 중동 지역을 해방시켜야 한다는 내용의 교황청 지시를 설교를 통해 설명하면서 이에 동의할 것을 간절히 부탁하였다. 그는 터키가 어떻게 기독교인과 교회를 학대하며 여자들을 공격하는지 자세한 예를 들어 설명하면서 어쩌면 폭동이 일어날지도 모른다고 주장했다.

우르반은 하나님으로부터 자기의 죄를 용서받은 기독교인은 이러한 적들을 대항하기 위하여 부름을 받았으며, 우리는 이를 위해 하나가 되어야 한다고 말했다. 이에 대한 호응은 열광적이었다. 어떤 역사학자들은 교황이 서유럽 국가들의 소요를 감소시키려고 십자군을 동원했다고 지적하지만, 어찌됐든 많은 기독교인들이 십자군에 입대하여 싸웠다.

12세기에는 프랑스인 피터 왈도(Peter Waldo)가 창시한 기독교 왈도파(Waldenses)가 있었는데, 이들은 모든 전쟁을 비난하고 전쟁에서 사람은 죽이는 것을 비난하였다. 하지만, 이들의 주장은 궁극적으로는 자신들을 보호하기 위한 수단이라는 비난을 면치 못했다.

정당한 전쟁론은 12세기에 들어 그라티안(Gratian)에 의해 법적인 형태를 갖추고 토마스 아퀴나스(Thomas Aquinas)에 의해 학문적 형태로 재정립되었다. 아퀴나스는 정당한 전쟁의 기준을 세 가지 설명했다. 첫째, 정당한 전쟁은 개인이 아니고 합법적 기관에서 선포되어야 한다. 둘째, 공격적 행위는 정당한 이유 없이 수행해서는 안 된다. 셋째, 공격적 행위는 또한 바른 의도와 선한 목적을 달성하기 위하여 수행되어야 하며 어떠한 죄악 된 행위도 용납할 수 없다. 이 세 가지 기준으로 정당한 전쟁의 합법성을 주장하였다.

문예부흥과 종교개혁의 기간 동안에 기독교 신앙과 전쟁이라는 한 중요한 문제에 몇 가지 요소들이 영향을 주었다. 총포가 발달함에 따라 전쟁사가 바뀌게 되었다. 더 이상 벽 뒤에 숨어 있던 민간인이 안전할 수 없었으며 칼을 가진 기사들이 갑옷의 보호를 받을 수 없게 되었다. 더구나 유럽 국가들의 서로 통합하려는 경향에서 군주나 왕 제도로 나뉘어지고 있었다. 이로 인하여 군주나 왕들간에 경쟁이 생기게 되었고 전쟁이 일어날 수밖에 없었다. 이제까지의 분쟁에서는 기독교와 이교도와 이념적 분쟁이었지만 이제는 기독교인들끼리 싸워야 하는 환경이 되었다. 이런 와중에도 평화주의와 정당한 전쟁 이론은 전통적으로 존재하고 있었다. 새로운 전쟁 양상에 대한 여러 반대 의견들이 제시되었다.

특히 네덜란드의 인민주의자이며 신학자인 에라스무스(Erasmus 1466~1536)는 예수 그리스도의 가르침에 가장 적대적인 것은 전쟁이라고 말했다. 그는 기독교인이 전쟁에 참여하는 것을 정당화하는 신학자들을 비난하고 일부 기독교 지도자들이 그들의 옷 등을 팔아 칼을 사는 것을 비난하였다. 그가 주장하는 것이 무엇이었든지간에 기독교인이 전쟁에서 싸워서는 안 된다는 의미로 받아들여지지는 않았다. 더구나 그는 교회는 로마 정부법에 의한 정당한 전쟁은 받아들여야 한다고 믿었다. 이러한 결과로 전쟁은 정당화되었을 뿐만 아니라 영예로운 것이 되었다. 교회는 점점 왕의 뜻을 따르는 종이 되어 갔다.

이 기간에 역시 몇몇 평화주의 단체들이 등장하였다. 16세기에 들어서 스위스 경건주의자(The Swiss Brethren and Mennonites)에 의해서 평화주의를 실천하려는 노력이 대표적이었다. 하지만, 정당한 전쟁을 변호하려는 신앙적 경향이 두드러졌다. 독일의 신학자이자 종교 개혁자 루터는 무기 없이는 평화를 지킬 수 없다고 가르쳤다. 그는 경우에 따라서는 전쟁에서 불의한 것에 대항할 의무가 있으며 확고한 평화를 확보해야 한다고 생각했다. 전쟁은 경우에 따라 국민의 생명과 건강을 보호하기 위해 필요한 것이며 이는 의사가 경우에 따라 환자 생명을 지키기 위해 다리나 팔을 자르는 경우와 같은 것이라고 설명했다. 그러나 이러한 전쟁도 결국 그리스도의 사랑을 실천하는 방향에서 이루어야 한다고 주장했다.

프랑스의 종교 개혁자 칼빈(John Calvin, 1509~1564)도 정당한 전쟁 이론을 변호하였다. 그는 개인이나 사적인 이익 집단에 의하여 자행되는 범죄 행위에 저항하기 위해서는 무장할 권리가 있으며 국가의 안전 유지를 위해서는 전쟁에 의한 방어가 필수적이라고 말했다.

그러나 전쟁이 있는 곳에는 이를 거부하고 평화를 주장하는 자들이 계속 이어졌다. 현대에 와서는 러시아 소설가 톨스토이와 인도의 간디가 평화주의를 주장했다. 그러나 간디는 기독교인은 아니었다. 1899년 헤이그 헌장이나 1928년의 63개의 서명이 담긴 켈로그 헌장(The Kellogg-Briand Pact)을 통해 전쟁을 비난하였다. 이 기간에 정당한 전쟁을 주장한 사람들은 과거의 전통적 논리를 가지고 변호하고 있었다.

6. 기독교인은 죄악에 대항하여 싸워야 한다

평화의 도구로 부름 받은 기독교인

전쟁에 대한 어떤 윤리적 입장을 취하느냐에 관계없이 누구도 전쟁을 원하지 않는다. 하지만, 전쟁은 역사가 증명하듯이 피할 수 없다. 인간은 하나님을 떠나 타락하였으며, 우리는 타락된 세상에 사탄과 싸우며 살아가는 영적인 존재들이다.

솔제니친(Alexander Solzhenitsyn)은 현대 사회 현상의 원인을 다음과 같이 신난했나. "50여 년 선 어린 시절에 러시아는 많은 새앙을 경험했는데, 그 이유는 '인간이 하나님을 잃어버렸기(Men have forgotten God) 때문'이라고 들었다. 그후 나는 러시아 혁명을 연구하기 위하여 50여 년의 세월을 보내며, 수백 권의 책을 읽고, 수백 여명의 증언을 들었다. 나는 이를 토대로 8권의 책을 낸 적이 있다. 하지만 지금 만약 6천만의 생명을 빼앗고, 러시아를 파멸시킨 혁명의 가장 근본적인 원인이 무엇이냐고 묻는다면, '인간이 하나님을 잃어버렸기 때문'이라는 그 어릴 때 들었던 말보다 더 정확히 말할 수 없다." 그렇다. 하나님을 잃어버린 타락한 세상에서는 전쟁을 아무리 피하려고 노력한다 해도, 예수님이 재림하시기 전까지는 이 지구상에 전쟁은 계속될 것이다. 그러므로 평화주의자들이 주장하는 그들의 논리는 하나의 꿈에 불과하며 이들이 주장하는 하나님의 말씀의 근거도 문자적 해석이나 지역적인 해석을 통해 설명한 것으로 일반적인 납득이 어렵다.

기독교인은 종교적 가치나 인간 생명의 가치를 독재자들로부터 보호받기 위하여, 국가나 민족 말살의 위협으로부터 우리의 재산과 생명을 보호하기 위하여 싸워야 하며, 필요시 목숨을 바칠 수 있다.

비록 평화주의를 반대한다고 하지만, 기독교인의 전쟁 참여나 전장에서의 행동은 기독교인으로서 제한을 받을 것이다. 아무리 현대전의 전쟁 양상이 정당한 전쟁론의 도덕적 기준을 충족시키기 어렵다고 해도, 비록 기독교인이 자기의 가치관으로 판단되는 양심을 가지고 싸울 수 없을지 몰라도, 옳은 양심을 가지고 임무를 수행하려고 해야 할 것이다.

미래를 보장할 수 없는 핵무기가 사용되는 전쟁이 이 지구상에서 발생하지 않도록 우리는 기도해야 할 것이다. 기독교인은 역사가 하나님의 주권과 섭리하에 진행되고 있음을 믿는다. 그러므로 하나님의 허락과 통제 없이는 어떤 일도 지구상에 일어나지 못한다. 그렇다고 하나님께서 전쟁이나 지역 분쟁들을 피하기 위해 우리에게 부여한 개인적이나 국가적 책임을 회피해서는 안 된다. 전쟁은 인간의 죄악상을 여지없이 보여주는 하나의 예이다. 하나님은 그의 자녀들을 이러한 죄에 대항하여 싸우라고 부르셨으며, 평화의 도구가 되라고 부르셨다. 기독교인의 행동과 기도를 통하여 하나님이 허락하신 평화가

이 시대에 이루어질 수 있도록 노력해야 한다. 또한 우리의 생활이 하나님께 영광 돌릴 수 있도록 최선을 다해야 할 것이다.

예레미야 선지자를 통해 하나님은 말씀하셨다. "여호와의 일을 태만히 하는 자는 저주를 받을 것이요 자기 칼을 금하여 피를 흘리지 아니하는 자도 저주를 당할 것이로다"(예레미야 48:10).

제3부
거룩한 전쟁
-성경의 전쟁과 영적 교훈

서론

하나님이 인간에게 어떤 분이신가를 설명하기 위해 하나님 이름 앞에 하나님의 설품을 나타내는 여러 표현들이 있다. 사랑의 하나님, 위로의 하나님, 자비의 하나님, 공의의 하나님 또는 전능의 하나님 등이다. 그런데 이런 여러 이름들보다도 많이 사용된 표현은 '만군의 여호와', '만군의 주', '만군의 주 여호와', '만군의 하나님' 이라는 표현이다. 성경은 하나님을 이스라엘 군인의 시위관으로 표현하고 있나. 심지어 하나님을 "전쟁에 능한 여호와시로다"(시편 24:8)라고 기록하고 있기도 하다. 다윗은 하나님이 싸움을 주관하신다는 표현을 이렇게 시로 적었다. "내 손을 가르쳐 싸우게 하시니 내 팔이 놋활을 당기도다"(시편 18:34). 이 표현을 "하나님이 전쟁을 위해 훈련시키셨으니 나는 방아쇠를 당길 뿐이다"라고 현대적으로 번역하면 어떨까?

구약에서는 전쟁이나 싸움으로 번역되는 '밀-하마'라는 명사가 319회나 나오며 "전쟁한다", "싸운다"로 번역되는 동사인 '라-함'이라는 단어는 171회나 나타난다. 구약 성경에서 전쟁과 싸움이 차지하는 비중이 어느 정도인지 짐작케하는 부분이다. ㄹ이렇게 많이 등장하는 성경의 전쟁을 올바로 이해하는 것은 성경을 이해하고 하나님을 이해하는 데 큰 도움이 된다.

구약 성경에 소개된 전쟁의 전술전략은 비교적 단순하고 단기적인 것이었지만, 현대전에서도 생각하게 하는 원리들이 많다. 무기체계도 그 복잡성과 다양성에서 성경 속의 정쟁과 현대전을 비교할수는 없지만, 그들이 전쟁에 임할 때 어떤 생각을 하고 어떤 방법으로 싸웠는지 알고 나면 우리에게도 많은 도전과 용기를 불러일으킨다. 이스라엘 군인들은 싸움에 임하기 전에 이 싸움이 하나님 뜻에 부합한 싸움인지 아닌지를 먼저 생각했다. 하나님이 허락하신 싸움임을 확신한 후에도, 군인이 싸움에 임할 때 준비해야 하는 과정을 소홀히 하지 않았다. 전투를 개시하기 전에 적정을 파악하기 위해 사람을 보내 정찰하게 했다. 포로를 통해서도 첩보를 수집했다(사무엘상 30:13). 전술적으로도 기습, 매복, 기만전술, 포위, 추격작전 등이 사용되었다. 싸움은 주간뿐 아니라 야간에도 행해졌다. 때로는 양군이 대치하고 있다가 일 대 일로 대표자를 뽑아 싸우게 하여 승부를 결정하기도 했다. 공격이 어려울 때는 성 외부에 있는 토굴이나 중요한 지형을 이용하여 적을 고립시키고, 물줄기 등를 막아 군수지원을 차단하였다. 그러나 이러한 방어작전보다는 공격작전이 더 많이 등장한다. 군대가 공격할 때는 외치면서 전진했다. 공격 개시도 지휘관의 정해진 신호에 의해서 이루어졌으며 공격방법도 사전에 잘 설명되었다. 공격 개시 전에는 제사장이나 지위관이 하나님이 함께하시는 전쟁임을 설명하며, 병사들을 격려했다.

이스라엘 군인도 전쟁에서 살상과 약탈을 감행했다. 그러나 이러한 살상과 약탈은 하나님이 허락한 범위 내에서만 가능했다. 이스라엘 백성에게는 이 범위를 벗어나도 고통이 따랐고 반대로 살상을 피해 남겨두어도 문제가 되었다. 전쟁에 승리하면 하나님께 감사제를 드렸고, 노래와 춤으로 승리를 축하했다. 이러한 생동은 다음 전투에서의 승리를 갈망하게 하는 요인이 되기도 했다.

구약시대의 전쟁은 국민 모두가 동원되는 양상이었다. 그러나 실제 전투에는 마음이 약한 자, 새로 집을 짓고서 아직 입주한 일 없는 자, 포도를 심고 아직 열매를 따 보지 못한 자, 약혼하고 아직 결혼하지 않은 자 등은 전투에 참여시키지 않았다(신명기 20:2~9; 역대하 20:14~20). 전투에 집중할 수 없는 장병을 전투에 투입하는 것은 승리에 영향을 미칠 수 있음을 생각하게 한다. 또 한편으로는 전쟁에 참여한 장병을 어떻게 전투에 집중시키느냐가 승패의 관건임을 알 수 있게 한다.

성경에 나오는 수많은 싸움을 보면서, 분명히 설명되어야 할 부분은, 하나님이 기독교의 종교적 목적을 이루시기 위해 전쟁을 허락한 것이 아니라는 사실이다. 오히려 하나님은 전쟁을 원치 않으시며 평화를 원하심을 말씀하고 있다. "저가 땅 끝까지 전쟁을 쉬게 하심이여 활을 꺾고 창을 끊으며 수레를 불사르시는도다"(시편 46:9)라고 기록하고 있으며, 미가 선지자를 통해서 미래에 평화의 시대가 도래할 것을 예언하셨다. "이 나라와 저 나라가 다시는 칼을 들고 서로 치지 아니하며 다시는 전쟁을 연습하지 아니하고"(미가 4:3)라고 하셨다. 이런 말씀이 이루어지는 시기는 예수님이 이 땅에 오심으로 부분적으로 이루어졌으며, 예수 그리스도의 재림 때에 완전히 이루어질 것이다.

그러므로 성경에서의 전쟁은 하나님을 인정하지 않는 세력에 대한 하나님의 징계의 한 방법으로 사용되었으며 타락한 인간의 욕망에 의해서 생기는 것이다(야고보서 4:1~2). 전쟁을 일으키는 '다섯 P의 욕망'이 있다고 한다. 그것은 과시의 욕망(passion for pageantry), 소유의 욕망(passion for possession), 보호의 욕망(passion for protection), 이익의 욕망(passion for profit), 애국의 욕망(passion for patriotism)이다. 그러나 이러한 지나친 욕망은 인간의 타락된 모습에서 나타나는 현상이다. 성경에 기록된 중요한 전쟁을 고찰해 보면서 거기에서 얻어지는 영적 싸움의 교훈과 평화에 대한 욕망이 우리에게 있어야 겠다. 예수님도 이 땅에 평화의 왕으로 오셨다. 성경에 기록된 전쟁을 통해서 하나님은 한편으로는 죄를 응징하시며 다른 한편으로는 하나님의 백성들에게 평화를 주고 계시다. 이 평화를 위해 하나님은 성도들을 부르시고 사용하신다.

1. 하나님은 기도하는 민족에게 승리를 주신다

르비딤 전쟁

　때에 아말렉이 이르러 이스라엘과 르비딤에서 싸우니라. 모세가 여호수아에게 이르되 우리를 위하여 사람들을 택하여 나가서 아말렉과 싸우라. 내일 내가 하나님의 지팡이를 손에 잡고 산꼭대기에 서리라. 여호수아가 모세의 말대로 행하여 아말레과 싸우고 모세와 아론과 훌은 산꼭대기에 올라가서 모세가 손을 들면 이스라엘이 이기고 손을 내리면 아말렉이 이기더니 모세의 팔이 피곤하매 그들이 돌을 가져다가 모세의 아래에 놓아 그로 그 위에 앉게 하고 아론과 훌이 하나는 이편에서, 하나는 저편에서 모세의 손을 붙들어 올렸더니 그 손이 해가 지도록 내려오지 아니한지라. 여호수아가 칼날로 아말렉과 그 백성을 쳐서 파하니라. 여호와께서 모세에게 이르시되 이것을 책에 기록하여 기념하게 하고 여호수아의 귀에 외워 들리라. 내가 아말렉을 도말하여 천하에서 기억함이 없게 하리라. 모세가 단을 쌓고 그 이름을 여호와 닛시라 하고 가로되 여호와께서 맹세하시기를 여호와가 아말렉으

로 더불어 대대로 싸우리라 하셨다 하였더라(출애굽기 17:8~16)

1. 전쟁 상황

이스라엘 백성들이 모세의 인도를 받으며 애굽 땅을 떠나 시내 산에서 북서쪽으로 20여 킬로미터 떨어진 르비딤에 이르렀다. 이곳에 도착하여 야영을 하는데 이곳은 물이 없는 곳이었다. 전에도 홍해를 건너 삼일을 행진하였지만 물을 찾지 못하고, 마라라는 곳에 이르러 물을 발견했는데 물이 써서 마시지 못하였다. 이때 이스라엘 백성들은 지도자 모세에게 "우리가 무엇을 마실까?"하며 원망하였다. 모세가 하나님께 상황의 어려움을 부르짖으니 여호와께서 한 나무를 지시하시므로, 모세가 이 나무를 쓴 샘물에 던졌다. 그 후로 그 샘물을 마실 수 있게 되었다(출애굽기 15:22~26).

그런데 르비딤에서 또 다시 물이 없어 고통받게 되었다. 이스라엘 백성들은 이번에는 지난번보다도 더욱 격렬하게 모세에게 불평을 했다. 성경은 그 때 상황을 이렇게 기록하고 있다. "백성이 모세와 다투어 가로되 우리에게 물을 주어 마시게 하라 모세가 그들에게 이르되 너희가 어찌하여 나와 다투느냐 너희가 어찌하여 여호와를 시험하느냐"(출애굽기 17:2). 그들의 불평은 이미 쓴 물을 변화시켜 마실 수 있게 하셨던 여호와 하나님에 대한 불평이었고, 시험이었다. 모세는 돌에 맞을까 두렵다고 하나님께 부르짖으니, 하나님께서 호렙 산 반석을 지팡이로 치라고 하셨다. 모세가 그대로 행하므로 이스라엘 백성들은 물을 마실 수 있었다.

이렇게 하나님을 시험하고, 지도자에게 불평과 원망을 할 때에 이스라엘 백성에게 큰 시련이 찾아왔다. 그것은 아말렉 부족의 공격이 었다. 이스라엘 백성이 애굽을 떠나 약속의 땅 가나안으로 가는 여정 가운데 최초로 전쟁을 했던 아말렉 부족은 배고픔을 참지 못하고 팥 죽 한 그릇에 장자의 명분을 판 에서의 자손들이다. 에서는 장자의 유 업과 축복을 야곱에게 빼앗겨 야곱을 증오하였다. 역사적인 두 부족 간의 증오와 적개심은 전쟁의 원인이 되었다. 이 전쟁은 이스라엘에 게는 고통거리가 되었다. 안으로는 지도자 모세를 불신하고, 하나님 을 시험하는 그들의 불신앙은 사회를 불안하게 하였고, 더구나 외적 으로는 아말렉의 침공을 받았으니 진정 국가에 위기가 아닐 수 없었 다.

그런데 이스라엘 백성은 그 동안 전쟁을 한 경험도 없었다. 이들이 가지고 있었을 것으로 추정되는 무기도 애굽에서 떠날 때 광야 생활 에서 필요한 사냥 무기나 부문적인 보호 무기들이 고작이었을 것이 다. 어쩌면 홍해 바다에서 애굽 군인들이 수장되었을 때 노획했던 무 기도 있었을 것이다. 아마도 칼, 창, 활, 방패 등이 전부였을 것으로 추 정된다.

또한 아말렉의 공격은 이스라엘 백성이 방심한 가운데 기습적으로 이루어졌다. 그들은 사전에 선전포고도 없었으며, 초기 공격에 이스 라엘 백성의 피해는 심각했다. 이때 전황을 신명기에 이렇게 회고하 고 있다. "너희가 애굽에서 나오는 길에 아말렉이 네게 행한 일을 기 억하라 곧 그들이 하나님을 두려워하지 아니하고 너를 길에서 만나 너의 피곤함을 타서 네 뒤에 떨어진 약한 자들을 쳤느니라"(신명기 25:17,18). 이스라엘은 그들을 아무런 위협도 하지 않고 가나안을 향 하여 전진하는 길에 그들의 공격을 받았다. 아말렉은 비겁하게도 군인들을 공격한 것이 아니라, 이스라엘 후미에서 고통하며 행군하는 어린이, 노약자, 환자, 부녀자 등으로 추정되는 '약한 자들'을 먼저 공격하였다. 아말렉은 이스라엘 진영의 배후를 공격하여 아무런 저항도 도망할 수도 없는 자들을 공격했던 것이다.

2. 작전 상황

위기에 처한 이스라엘 백성의 지도자 모세는 이 전쟁의 야전군 총사령관으로 여호수아를 임명하였다. 이 전쟁에서 여호수아에 대하여 처음으로 언급하고 있다. 여호수아는 애굽에서 노예 신분으로 태어나 민족적 고난과 훈련을 받은 사람이었다. 성경은 여호수아를 모세의 '수종자'라고 출애굽기 33장 11절에 기록하고 있다. 여호수아는 모세의 종이었다. 여호수아는 모세를 그림자처럼 따라다니며 그를 충성스럽게 섬기면서 지도자로서의 훈련을 쌓아 오다가 이스라엘이 국가적 위기에 직면하자 최전선에서 국가와 민족을 위하여 싸우라는 명령을 받았다. 애굽 군인들이 이스라엘 백성들의 뒤를 추적해 올 때 그들은 여호와께서 애굽 군인들에게 행하시는 일을 보고 감격하며 택한 백성들과 같이하는 하나님을 체험하면 되었다. 그러나 이번 싸움은 그들이 직접 싸워야 함을 지도자 모세는 알았다. 아말렉이 공격해 오자, 모세는 즉시 여호수아에게 이스라엘 자손 중에서 사람을 택하여 그들로 아말렉을 물리치라는 명령을 하였다(9). 이 전쟁의 총사령관은 모세였다. 그는 여호수아가 싸우는 동안 "하나님의 지팡이를 손에 잡고 산 꼭대기에 서리라"(9)고 했다. 여호수아는 싸우고 모세는 기도했다.

그런데 이 전쟁의 이야기는 전선에서 싸우는 여호수아의 전투 상황에 초점이 맞추어 기록되지 않고, 산꼭대기에 올라가 기도하는 모세의 이야기를 중심으로 기록하고 있다. 모세는 전선에서 싸우는 여호수아와 군인들의 승리를 위해 기도했다. 군인들의 사기와 무사함을 위해 하나님께 간절히 기도했을 것이다. 모세는 기도할 때 손을 들고 기도를 했는데, 모세가 손을 들고 기도할 때는 이스라엘 백성이 이기고, 손을 내리면 아말렉 군대가 이기는 이상한 일이 생겼다. 모세는 승리를 위해 계속 손을 들고 기도하고 싶었지만 모세의 팔이 피곤해져 더 이상 손을 들고 기도할 수가 없었다. 그래서 모세를 수행하여 산꼭대기에 오른 아론(Aaron)과 훌(Hur)이 모세의 팔 아래에 돌을 가져다 놓고 양쪽에서 한 팔씩을 붙들어 올려 모세의 팔이 해가 지도록 내려오지 않게 받쳐 주었다. 이 두 사람의 도움으로 여호수아는 싸움을 승리로 이끌 수 있었다. 이스라엘 백성들은 하루 동안의 주간 전투로 아말렉을 물리쳤다.

3. 전쟁의 교훈

싱경에 최초로 기록된 르비딤에서의 부족간의 성규전은 군사적 즉면에서도 많은 교훈과 전쟁의 원리들을 고찰할 수 있을 것이다. 만물은 시간이 흐르며 변화한다. 그러나 그 속에서도 역시 변화하지 않는 요소들이 있다고 믿는다. 그래서 군사학에서는 전쟁의 원칙이 있다. 그 원칙은 목표(Objective), 공세(Offensive), 간명(Simplicity), 지휘권의 통일(Unity of Command), 집중(Mass), 병력의 절용(Economy of Forces), 기동(Maneuver), 기습(Surprise), 그리고 경계(Security)의 9가지이다. 예를 들어 아말렉의 작전은 초기 전투에서 기습(Surprise)

과 약한 부분을 집중적(Mass)으로 공격하므로 상당한 피해를 이스라엘 백성에게 주었으며, 심리적으로도 큰 영향을 끼쳤을 것이다. 그들의 전쟁 목표(Objective)도 약한 자들을 초기에 집중 공격한 것으로 보아 제한적인 전투가 아니라 무차별 이스라엘 민족의 살상과 섬멸로 보여진다. 그러나 이들은 초기 전투에서 이스라엘 백성의 주력 부대에게 타격을 가하지 못하고, 부녀자 등의 민간인을 무차별 공격하여 이스라엘 백성의 단결과 전의를 불러일으켰을 것으로 추정된다. 아말렉은 공격은 공세(Offensive)의 원칙을 적용하였지만 초기 타격 목표를 잘못 선정하므로 그들의 전쟁을 합리화시킬 수 있는 기회를 놓치고 말았다고 분석할 수 있다. 그러나, 이러한 생각은 군인으로서 현대적 전쟁 원칙 등을 고려하여 한번 생각해 본 것일 뿐, 하나님이 이 전쟁을 통해서 우리에게 주시고자 하는 교훈은 아니라고 생각한다. 이 전쟁을 통해서 하나님은 현대를 살아가는 신앙인의 영적 싸움에 대해서 설명하고 있다고 믿어진다. 기독교인들의 싸움은 혈과 육의 싸움이 아니고, 영적 전쟁이기 때문이다. 이 전쟁을 통한 영적 교훈들을 생각해 보기로 하자.

신앙의 위기는 불신과 불평으로부터 시작된다(1∼7)

이스라엘 백성이 아말렉으로부터 공격을 받을 때는 그들이 하나님께서 베풀어 주신 기적과 은혜를 잠시 잊고 물이 없음을 모세에게 불평한 후에 있었다. 이러한 행동은 하나님을 시험하는 행동이라고 모세는 백성들에게 말했다. 신앙 생활은 사람이 하나님과 관계를 맺으므로 시작된다. 이러한 관계는 우리의 선택으로 이루어지는 것이 아니라, 하나님께서 이스라엘 백성을 일방적으로 택하여 구원하셨듯이 우리도 하나님의 일방적 선택으로 하나님과의 관계가 시작된다. "왜 누구는 선택하고, 누구는 선택하지 않았는가?"라는 질문은 하나님의 주권적 영역으로 우리는 인정할 수밖에 없다. 그릇이 토기장이에게 왜 나를 이렇게 만들었느냐고 물을 수 없음과 마찬가지이다. 그러므로 하나님으로부터 선택된 기독교인은 그 선택에 감사하며, 그 후에 일어난 많은 영적 경험과 체험을 기억하며 살아가야 한다. 하나님께서 우리를 위하여 베푸신 위대한 일들과 그의 은총에 대한 기억을 회상하는 것은 우리 신앙에 큰 용기를 주며, 또 다른 시련을 극복할 수 있는 계기가 된다. 시편 118편은 전쟁에서 승리케 하시고 역경에 처한 자신을 구하여 주신 여호와 하나님께 감사하고 그 이름을 찬송하라고 권고하고 있다. "여호와는 내 편이시라 내게 두려움이 없나니 사람이 내게 어찌할고 여호와께서 내 편이 되사 나를 돕는 자 중에 계시니 그러므로 나를 미워하는 자에게 보응하시는 것을 내가 보리로다 여호와께 피함이 사람을 신뢰함보다 나으며 여호와께 피함이 방백들을 신뢰함보다 낫도다"(6~9). 이러한 고백을 할 수 있는 체험과 신앙을 가지고, 하나님께 감사하는 신앙이야말로 우리에게 필요한 신앙이 아니겠는가?

또한 신앙의 공동체 안에서 믿음의 지도자와의 불신은 개인적 신앙의 위기로 발전할 수 있음을 주의해야 한다. 모세는 믿음과 능력을 갖춘 지도자였으며, 하나님이 그 지도력을 인정하는 지도자였지만 이스라엘 백성들 중에는 그를 불신하는 자들이 있었다. 하나님께서는 이러한 불신앙의 백성들에게 전쟁이라는 방법으로 엄중히 경고하셨는지도 모른다. 다른 말로 표현하면, 내부 분열이 생기면 외환이 있을 수 있다는 뜻이다. 개인적으로도 신앙적 내부 갈등이 많으면 하나님과의 관계가 자꾸 멀어지고, 영적 갈등 때문에 신앙 생활의 위기가 오는 것을 쉽게 경험할 수 있다. 그래서 예수님께서도 겟세마네에서 제자들을 위하여 기도하실 때 "나는 세상에 더 있지 아니하오나 저희는 세상에 있사옵고 나는 아버지께로 가옵나니 거룩하신 아버지여 내게 주신 아버지의 이름으로 저희를 보전하사 우리와 같이 저희도 하나가 되게 하옵소서"(요한복음 17:11)라고 기도하셨다. 빌립보서 2장 2절에서도 믿음의 교제에 대하여 말씀하시면서 "마음을 같이 하여 같은 사랑을 가지고 뜻을 합하며 한 마음을 품어야" 한다고 가르치신다. 우리는 주 안에서 하나 되는 신앙을 위해 서로 노력해야 한다.

신앙적 위기가 생기면 기도해야 한다(11~12)

아말렉과의 전쟁에서 가장 핵심적인 교훈은 기독교인은 위기가 생기면 기도해야 한다는 것이다. 전쟁에서의 승리가 여호수아의 전투의 결과에 있지 않고 모세의 기도에 있었다. 전선에서 여호수아는 승승장구하지는 못했다. 최선을 다하여 단시간에 싸움을 끝내기를 원했겠지만 싸움은 밀리고 미는 양상이 반복되었다. 그런데 이러한 혼전이 여호수아와 군인들의 전투적 역량에서 좌우된 것이 아니라, 산꼭대기에서 손을 들고 기도하는 모세의 팔이 내려오면 아말렉이 우세하고, 모세의 팔이 올라가면 이스라엘 군인들에게 우세하게 전세가 전개되었다. 곧 모세가 기도를 쉬면 아말렉이 이겼고, 모세가 기도하면 이스라엘이 이겼다.

사실 여호수아는 매우 불리한 여건 속에서 전투에 임했다. 그의 병사들은 훈련도 받지 못했으며 무기도 빈약했고, 오랫동안의 노예 생활은 어려움이 있을 때마다 쉽게 노예로 살아가는 것을 그들의 숙명으로 받아들이려는 경향을 보였다. 그들은 불평 잘하는 오합지졸의 부대였다.

그런데도 최후에 승리는 이스라엘에게로 돌아갔다(13). 승리의 원인은 기도였다. 기도가 전쟁의 승패에 결정적 요소가 되었다. 이것은 전쟁이 하나님께 속한 것임을 의미한다. 여호수아와 군인들은 전쟁의 승리 원인이 처음에는 자기들이 잘 싸워서 승리한 것으로 착각한 것 같다. 하나님께서는 후세에 이 전쟁의 승리가 그들의 의해 이루어진 것이 아님을 분명히 하시려고 모세에게 이 전쟁의 대하여 "책에 기록하여 기념하게 하고 여호수아의 귀에 외워 들리라"(14)고 분명히 말씀하셨다. 더구나 여호와 하나님께서 이 전쟁도 이스라엘 백성을 위하여 싸웠지만 앞으로도 "여호와가 아말렉으로 더불어 대대로 싸우리라"(16)고 약속하셨다. 아말렉은 이 전쟁 후에도 이스라엘을 괴롭혔지만 "아말렉을 도말하여 천하에 기억함이 없게 하리라"(14)는 하나님의 신언은 부분적으로는 사울 왕에 의해서 이루어졌으며(사무엘상 15장), 다윗 왕에 의해서 완전히 이루어졌다(사무엘하 1:10, 8:12).

기도의 능력을 경험하지 못한 사람은 전쟁의 승패가 기도에 의해서 결정되었다는 성경의 기록을 받아들이기 힘들 것이다. 그러나 기독교는 기도의 종교다. 타락한 인간이 하나님과 대화하며 교제할 수 있는 가장 중요한 수단이다. 기도를 통해서 우리는 인간의 한계를 벗어나 하나님의 능력을 체험할 수 있다. 아말렉과의 전쟁은 모세의 기도 응답으로 하나님의 능력을 이스라엘 백성이 체험한 것이다.

그런데 하나님의 능력을 받은 통로는 전장에서 싸웠던 여호수아가 아니라, 이 싸움의 승리를 위해 기도한 모세를 통해서였다. 특별히 이러한 모세의 기도를 중보 기도라 말한다. 월터 윙크(Walter Wink)는

"역사는 중보자에게 달려 있다(History belongs to the intercessors)"
라고 말했다. 기도는 우리가 하나님께 말하는 것이라면, 중보 기도는
어떤 사람을 대신하여 하나님께 나아가는 행동이다. 자신을 위하여
기도하는 것이 아니라 다른 사람을 위하여 하는 기도가 중보 기도이
다. 이러한 중보 기도가 우리의 역사에 영향을 미친다는 것을 아말렉
과의 전쟁이 증명하였다.

기도야말로 하나님이 믿는 자에게 주신 최고의 선물이다. 기도가
믿는 자에게는 싸움의 무기이다. 하나님께서는 하나님이 누구신지 아
는 자들에게 기도를 개인화기로 지급하신다. 기도는 전장에서 공격
무기요 또한 방어 무기이다. 기독교인이 지급 받은 기도 무기는 사거
리도 제한이 없다. 모세는 산꼭대기에서 여호수아의 싸우는 모습을
바라보며 기도했다. 하나님께서 모세에게 주신 기도 무기를 통해 직
사탄을 아말렉에게 쏘았다. 때로는 선교지에 나가 싸우는 수억 만리
떨어진 선교사들의 적을 향하여 우리 성도는 중보 기도로 지원 사격
을 한다. 한국에서 미국에 사는 가족들을 위하여 기도한다. 이러한 중
보 기도가 거리와 시간의 제한을 받지 않고 하나님의 능력으로 이 세
상에 응답된다는 것은 신앙인 최대의 축복이다. 요한 웨슬리(John
Wesley)는 "믿음의 기도에 대한 응답 없이 이 세상에서 하나님이 행
하시는 것은 아무 것도 없다"고 자주 말했다.

모세는 훌륭한 중보 기도자였다. 아말렉과의 전쟁보다도 더 극적인
장면은 모세가 십계명을 받기 위해 시내 산에 올라갔을 때 이스라엘
백성이 자기들을 위하여 송아지를 만들고 이 송아지가 자기들을 애굽
에서 인도한 신이라고 하고 제사를 드렸다. 하나님은 진노하셨다. 하
나님은 모세를 불러 "그런즉 나대로 하게 하라 내가 그들에게 진노하

여 그들을 진멸하고 너로 큰 나라가 되게 하리라"(출애굽기 32:10)고 말씀하셨다. 그러자 모세는 너무도 감동적인 중보 기도를 드린다. "모세가 그 하나님 여호와께 구하여 가로되 여호와여 어찌하여 그 큰 권능과 강한 손으로 애굽 땅에서 인도하여 내신 주의 백성에게 진노하시나이까 어찌하여 애굽 사람으로 이르기를 여호와가 화를 내려 백성을 산에서 죽이고 지면에서 진멸하려고 인도하여 내었다 하게 하려 하시나이까 주의 맹렬한 노를 그치시고 뜻을 돌이키사 주의 백성에게 이 화를 내리지 마옵소서"(11~13). 이 중보 기도를 들으신 하나님은 "뜻을 돌이키사 말씀하신 화를 그 백성에게 내리지 아니하시니라"(14)고 기록되어 있다. 비록 하나님께서 진노의 뜻을 거두셨지만, 모세는 우상 숭배자들을 응징함으로써 죄악을 근절시키고, 백성들에게 우상 숭배의 죄에 대한 경각심을 불러일으키고자 했다. 그러나 한편으로는 이들의 죄 사함을 위하여 간절히 중보 기도를 드렸다. "그러나 합의하시면 이제 그들에 죄를 사하시옵소서 그렇지 않사오면 원컨대 주의 기록하신 책에서 내 이름을 지워 버려 주옵소서"(출애굽기 32:32). 이러한 결사적인 모세의 기도를 하나님이 기뻐하신 것은 놀라운 일이 아니다.

사무엘의 경우도 놀라운 중보 기도를 했다. 불레셋이 이스라엘을 침공하여 온 백성이 무서워할 때 백성들이 사무엘에게 기도를 부탁했다. 그러자 사무엘이 이들을 위하여 중보 기도를 드렸다. "사무엘이 젖 먹는 어린 양을 취하여 온전한 번제를 여호와께 드리고 이스라엘을 위하여 여호와께 부르짖으매 여호와께서 응답하셨더라"(사무엘상 7:9)고 기록하고 있다. 여호와께서 불레셋에게 큰 우뢰를 발하여 그들을 어지럽게 하여 이스라엘에게 큰 승리를 거두게 하셨다. 사무엘 선지자의 중보 기도의 심정과 중요성을 가장 잘 표현한 기록은 "나는 너희를 위하여 기도하기를 쉬는 죄를 여호와 앞에 결단코 범치 아니하고"(사무엘 상 12:23)라고 하였다. 다른 사람을 위하여 기도하지 않는 일을 죄로 여겼다는 말씀은 신앙인은 자신을 위하여도 기도해야 하지만 다른 사람을 위하여도 기도해야 됨을 강조하는 것이다.

예수님께서도 "지금까지 너희가 내 이름으로 아무 것도 구하지 아니 하였으나 구하라 그리하면 받으리니 너희 기쁨이 충만하리라"(요한복음 16:24)고 제자들에게 말씀하셨다. 기도의 응답과 그에 따른 기쁨을 약속하신 것이다. 예수님께서 죽음을 앞에 두고 겟세마네 동산에서 기도하실 때 제자들과 하나님과 사이의 중보자로서 그 사역을 수행하시는 모습이 기록되어 있다(요한복음 17). 예수님은 제자들이 세상과 구별된 자들임을 정의하시고, 구별된 삶을 살아가는 데서 오는 핍박과 환란에서 제자들이 연약해지지 않고 담대할 수 있도록 기도하셨다. 이 기도대로 후에 제자들은 세상의 핍박을 극복하고 위대한 복음 전도자들이 되었다. 예수님은 오늘도 계속해서 우리를 위하여 중보 기도 해주신다. 히브리서에서 이에 대해 "이는 그가 항상 살아서 저희를 위하여 간구하심이니라"(히브리서 7:25)고 기록하고 있다.

바울 사도도 중보 기도의 중요성을 잘 알고 있었기 때문에 여러 차례 기도 부탁하고 있다. "형제들아 우리를 위하여 기도하라"(데살로니가 전서 5:25), "너희를 권하노니 너희 기도에 나와 힘을 같이하여 나를 위하여 하나님께 빌어"(로마서 15:30), "너희 기도로 내가 너희에게 나아가게 하여 주시기를 바라노라"(빌레몬서 1:22). 실로 대단한 기도의 부탁이다.

우리도 기도 없이는 하나님과 교제할 수 없으며, 어느 누구도 부모님이나 믿음의 형제 자매의 중보 기도 없이 신앙 생활을 할 수 없을 것이다. 신앙을 가진 군인도 자신을 위해 기도할 뿐 아니라, 부대와 국가를 위하여 항상 쉬지 않고 기도해야 한다. 모세의 기도를 통하여 여호수아가 이긴 것처럼 우리의 중보 기도를 통해 다른 사람의 싸움이 승리하고, 다른 사람의 중보 기도를 통해 나의 싸움이 승리할 수 있는 것이다.

신앙적 위기는 서로 협력함으로 극복할 수 있다(12)

이 전쟁은 한 사람의 무용담으로 승리한 전투가 아니다. 여호수아는 싸웠으며, 모세는 기도했다. 그리고 하나님께서 승리를 허락하셨다. 그런데 아론과 훌이 이 전쟁에 등장한다. 이 두 사람은 전쟁을 지휘했던 모세를 돕는 위치에 있었다. 아론은 모세보다 세 살 위의 형이다. 그는 이스라엘의 최초의 대제사장이었다. 모세는 형 아론보다 말도 잘 못하고 담대하지 못했다. 하나님이 모세를 이스라엘 백성의 지도자로 세울 때 모세는 이스라엘 백성들이 자기를 인정하지 않을 것을 두려워하여 그 소명을 거절하였다. 이에 하나님은 지팡이가 뱀이 되고, 다시 뱀을 잡으니 지팡이가 되는 이적을 체험한다. 모세가 손을 품에 넣으니 그 손이 문둥병에 걸리고, 다시 품에 넣으니 문둥병이 없어지는 놀라운 경험도 한다(출애굽기 4:6~9).

모세는 자신이 생겼지만, 자기의 부족함을 또 하나님께 아뢴다. "나는 입이 뻣뻣하고 혀가 둔한 자니이다"(10). 말주변 없는 모세를 위하여 형 아론을 택하여 모세의 대변인이 되게 하셨다. 아론은 바로 왕과 이스라엘 백성들 앞에서 모세의 대언자로 하나님의 말씀을 전했다.

유대 역사학자 요세푸스에 의하면 홀은 모세의 누이 미리암의 남편이라고 한다. 또한 홀은 갈렙의 아들이다(역대상 2:19). 이 두 사람은 모세가 지쳐서 기도할 수 없을 때 옆에서 모세를 도와 전쟁을 승리로 이끌 수 있었다.

하나님이 왜 이 두 사람이 모세를 돕는 역할을 하게 하셨을까? 과거에도 모세가 수차례 경험했듯이 모세의 지팡이로 충분하지 않았을까? 여호와 하나님은 신앙 생활은 서로서로 협력해야 함을 우리에게 가르치시고 있는 것이다. 아론과 홀은 모세의 처지는 팔을 부축하고 같이 기도했을 것이다. 모세는 팔에 돌을 받치고 양쪽에서 두 사람이 부축했으니 아마도 기도에 집중할 수 있었을 것이다. 얼마나 오랫동안 이러한 일이 지속되었는지는 알 수 없어도 모세의 손이 "해가 지도록 내려 아니한지라"고 기록한 것을 보면 짧은 시간은 아니었던 것으로 추측된다. 세워진 지도자를 돕고 협력하는 것도 지도자의 역할 못지 않게 중요함을 깨달을 수 있다. 군대 조직의 개념으로 해석해 본다면, 지휘관의 역할도 중요하지만 참모의 역할도 중요하다. 군인은 전쟁을 예방하기 위해 존재하지만 싸워야 할 경우에는 모두가 협력하여 싸워야 한다. 특히 신앙의 위기를 맞거나, 큰 일을 앞에 두고 서로서로 협력하며 같은 기도 제목을 놓고 기도할 때 우리에게는 하나님이 약속하신 기도 응답을 통해 기쁨이 넘칠 것이다. 성도는 도와야 할 때는 기꺼이 돕고, 도움이 필요한 자에게는 적극적으로 돕는 협력하는 신앙 생활이 필요하다.

모세는 전쟁의 승리를 하나님께 감사하며 단을 쌓고 그 이름을 "여호와 닛시(The Lord is my Banner)"라고 했다. 여호와 닛시란 "여호와는 나의 기"라는 뜻이다. 여호와가 주신 전쟁의 승리를 확신하는 표현이다. 여호와 깃발을 앞세우고 싸우는 자는 항상 승리하는 것이다. 신앙 생활에는 항상 아말렉과 같은 공격이 있다. 이러한 공격이 있을 때마다 여호와의 깃발을 앞세우고 서로서로 협력하며 기도하며 나아갈 때 우리에게는 항상 승리가 보장된다. 바울은 이렇게 고린도 교인들에게 고백했다. "항상 우리를 그리스도 안에서 이기게 하시고 우리로 말미암아 각처에서 그리스도를 아는 냄새를 나타내시는 하나님께 감사하노라"(고린도후서 2:14). 이러한 고백이 우리의 고백이길 기도하자.

2. 문제를 놓고 도망치면 결과는 더 악화된다

가나안 정찰 작전

1. 정찰 작전

"사십 일 동안에 땅을 탐지하기를 마치고 돌아와 바란 광야 가데스에 이르러 모세와 아론과 이스라엘 자손의 온 회중에게 나아와 그들에게 회보하고 그 땅 실과를 보이고 모세에게 보고하여 가로되 당신이 우리를 보낸 땅에 간즉 과연 젖과 꿀이 그 땅에 흐르고 이것은 그 땅의 실과니이다 그러나 그 땅 거민은 강하고 성읍은 견고하고 심히 클 뿐 아니라 거기서 아낙 자손을 보았으며 아말렉인은 남방 땅에 거하고 헷인과 여부스인과 아모리인은 산지에 거하고 가나안인은 해변과 요단 가에 거하더이다 갈렙이 모세 앞에서 백성을 안돈시켜 가로되 우리가 곧 올라가서 그 땅을 취하자 능히 이기리라 하나 그와 함께 올라갔던 사람들은 가로되 우리는 능히 올라가서 그 백성을 치지 못하리라 그들은 우리보다 강하니라 하고 이스라엘 자손 앞에서 그 탐지한 땅을 악평하여 가로되 우리가 두루 다니며 탐지한 땅은 그 거민을 삼키는 땅이요 거기서 본 모든 백성은 신장이 장대한 자들이며 거기서 또 네피림 후손 아낙 자손 대장부들을 보았나니 우리는 스스로 보기에도 메뚜기 같으니 그들의 보기에도 그와 같았을 것이니라"(민수기 13:25~33).

정찰전의 상황

이스라엘은 430년 동안 애굽에서 노예 생활을 해야 했다. 하나님께서는 때가 되어 이스라엘 백성에게 지도자 모세를 세우시고 애굽 왕 바로 앞에 서게 하셨다. 바로 왕은 모세를 통한 하나님의 명령을 거절하고 이스라엘 민족을 영구히 노예화할 방도를 모색했지만, 하나님은 이스라엘을 구하시고자 직접 역사하셨다. 하나님의 뜻을 거역한 애굽은 열 가지 재앙을 받았으며 열번째이자 마지막 재앙인 애굽의 장자들이 죽자 비로소 모세에게 항복하였다.

이스라엘 민족이 애굽의 억압으로부터 구출된 사실은 노예 생활에서 해방되었다는 것 이상의 의미를 갖는다. 창세기에서 인류가 이 세상에 등장한 배경을 선하고 있다년, 출애굽기에서는 하나님은 이스라엘 한 민족을 선택하여 타락한 인류를 구원할 계획과 약속을 보여주신다. 하나님의 구속사의 주역이 된 선민 이스라엘이 공식적으로 출범한 것이다.

이스라엘 민족이 하나님이 약속하신 가나안을 향하여 걸어야 할 길은 순탄하지 않았다. 그들 앞에는 통과해야 할 광야가 있었고 극복해야 할 문제가 한두 가지가 아니었다. 이때 하나님은 모세를 불러 인구 조사를 명하셨다. 이때는 이미 율법을 받고, 성막을 마련하여 하나님께 정기적인 예배를 드리고 있었던 때였다. 하나님께서는 성막에 대해 지시하신 후에 계속해서 모세에게 어떻게 살아가야 하며 광야에서 백성들을 어떻게 조직해야 하는지 말씀해 주셨다. 모세와 아론과 12 족장은 20세 이상, 싸움에 나갈 만한 자를 모두 계수하였다. 인구 조사 결과 총 인원은 603,550명이 넘었다(출애굽기 1:21~46). 광야에서 이 인원이 같이 지내며 행군한다는 것은 기적이라고 표현할 수밖에 없다. 그런데 인구 조사할 때 싸움에 나갈 자란 말을 14번이나 반복한 것을 보면 앞으로의 광야 생활이 어떠할 것인가를 암시하고 있다. 이스라엘 백성은 광야를 그냥 통과할 수 없었으며, 그들은 싸우며 하나님이 약속한 땅을 향해 전진해야 했다. 하나님은 이스라엘이 직면할 부족간 또는 민족간의 분쟁을 대비시키기 위해 인구 조사를 명하시고 싸울 수 있는 조직을 갖추게 하셨다.

하나님의 인도와 모세의 순종으로 여러 어려움을 극복하면서 이스라엘이 바알스본 맞은편 바닷가에 장막을 치게 되었다. 그런데 이곳에서 이스라엘은 심한 곤경에 처하게 되었다. 이스라엘을 계속 추적하던 바로 왕의 군대가 이스라엘이 야영하는 장소가 바닷가라는 것을 알고 그들을 뒤에서 압박하기 시작했다. 이스라엘은 특별한 무기로 무장한 상태가 아니었다. 그런데 바로 왕은 특별 병거단(chariot)으로 하여금 이스라엘을 추적하도록 했다. 이스라엘은 죽음 아니면 다시 애굽의 노예가 될 수밖에 없는 절박한 상황에 처하였다.

하나님은 그의 백성을 구하기 위해 세 가지 기적을 행하셨다. 첫째로, 백성들을 앞에서 인도한 구름기둥이 진 뒤로 옮기셨다. 이것은 두 가지 결과로 나타났다. 애굽에는 안개 같은 현상이 잘 나타나지 않는데 진 뒤로 옮겨진 구름기둥은 안개와 같이 내려앉아 그들을 볼 수 없

게 하였다. 그러나 이스라엘 백성에게는 시야가 열려 애굽 군인들을
더 잘 볼 수가 있었다. 둘째는 이스라엘 백성이 건너려는 홍해가 갈라
진 것이다. 그리고 바닥은 마른땅이 되었다(출애굽기 14:21). 이 통로
에서 이백 만이 넘는 이스라엘 백성이 하룻밤 사이에 통과한 것으로
보아 상당히 넓었을 것으로 추정된다. 셋째 기적은 물이 다시 합쳐진
것이었는데, 이로 인해 뒤쫓아가던 애굽 사람들은 익사하였다. 이러
한 기적을 통한 철저한 하나님의 보호하심과 인도하심으로 이스라엘
백성은 광야를 통과하여, 약속의 땅 가나안이 보이는 사해 남쪽에 위
치한 바란 광야 가데스에 도착하였다.

정찰준비 및 정찰

바란 광야에 도착하자 이스라엘 백성이 처음으로 한 일은 가나안을
정찰하는 일이었다. 이 가나안 정찰 작전은 성경에 기록된 유일한 독
립적인 정찰 작전이다. 그러나 이 정찰 작전의 결과는 이스라엘 백성
에게는 잊을 수 없는 사건이 되었다. 이스라엘 백성에게 가나안 정찰
에 필요한 구체적 계획이 하달되었다. "여호와께서 모세에게 일러 가
라사대 사람을 보내이 내가 이스라엘 자손에게 수는 가나안 땅을 탐
지하라"(민수기 13:1~2)고 명령하셨다. 정찰 대원은 이스라엘 12지
파 중에서 두령된 자로 선발하라고 말씀하셨다. 이에 모세는 각 지파
에서 한 사람씩 12명을 선발하였고, 비교적 구체적인 정찰로까지도
알려 주었다. "모세가 가나안 땅을 탐지하러 그들을 보내며 이르되 너
희는 남방 길로 행하여 산지로 올라가서"(17) 활동하도록 했다. "이에
그들이 올라가서 땅을 탐지하되 신 광야에서부터 하맛 어귀 르홉에
이르렀고 또 남방으로 올라가서 헤브론에 이르렀다"(21,22절). 또 헤

브론에서 북서쪽으로 5킬로미터 떨어진 에스골 골짜기에 이르기까지 정찰하고 돌아왔다. 이 정찰 거리는 약 400킬로미터일 것으로 추정되며 40일 간에 정찰을 마쳤으니 하루에 약 10킬로미터 25리 정도씩 행군하며 정찰하였다.

정찰 임무도 13장 18절에서 20절까지 소개되어 있는데 가나안 사람이 강하게 생겼는지 아닌지, 숫자가 많은지 적은지, 땅이 평지인지 아닌지, 비옥한지 박한지, 성읍의 성벽은 있는지 없는지를 알아보고 그 땅에 실과를 가져오라고 지시 하셨다. 이에 정찰대원 12명은 정찰 임무를 잘 수행하고 "포도송이 골짜기"라 불리어지는 에스골 골짜기에서 "포도 한 송이 달린 가지를 베어 둘이 막대기에 꿰어 메고 또 석류와 무화과를 취하고" 돌아왔다.

정찰 결과 보고

그런데, 문제는 정찰 결과 보고가 두 가지 의견으로 갈리어 바란 광야 가데스-바네라는 곳에서 온 이스라엘 백성이 모인 가운데 모세에게 보고하게 되었다. 여호수아와 갈렙을 제외한 10명의 정찰자는 포도송이 등의 실과를 보이고, "모세에게 보고하여 가로되 당신이 우리를 보낸 땅에 간즉 과연 젖과 꿀이 그 땅에 흐르고 이것은 그 땅의 실과니이다 그러나 그 땅 거민은 강하고 성읍은 견고하고 심히 클 뿐 아니라 거기서 아낙 자손을 보았다"(27~28)고 보고했다.

여기서 아낙이라는 부족은 거인 종족으로 그 당시 이스라엘 민족이 두려워했던 종족이었다. 다윗과 싸웠던 골리앗도 가드 사람으로 아낙 자손의 한사람으로 추측되고 있다. 더구나 이들은 이스라엘 백성을 가나안 사람과 비교해 보니 메뚜기같이 연약하다고 말했다. "우리는 스스로 보기에도 메뚜기 같으니 그들이 보기에도 그와 같을 것이니”
(33절)고 표현하였다. 한마디로 요약하면 40일 간 정찰 결과는 가나안
땅에 살고 있는 부족이 강하여 그 땅을 점령할 수 없을 것이라는 것이
었다.

나머지 두 사람, 여호수아와 갈렙의 보고는 이와는 정반대였다. “갈
렙이 모세 앞에서 백성을 안돈시켜 가로되 우리가 곧 올라가서 그 땅
을 취하자 능히 이기리라”(30절)고 보고했다. 이 두 사람은 좀더 구체
적으로 그들이 왜 이렇게 다른 보고를 할 수 있었는지 강한 어조로 설
명하였다. “여호와께서 우리를 기뻐하시면 우리를 그 땅으로 인도하
여 들이시고 그 땅을 우리에게 주시리라 이는 과연 젖과 꿀이 흐르는
땅이니라 오직 여호와를 거역하지 말라 또 그 땅 백성을 두려워하지
말라 그들은 우리 밥이라 그들의 보호자는 그들에게서 떠났고 여호와
는 우리와 함께 하시느니라 그들을 두려워 말라”(민수기 14:8~9). 여
호수아와 갈렙의 보고는 정복에 어려움은 있겠지만 하나님은 이스라
엘에게 승리를 주실 것이라는 결론이었다.

백성들은 안타깝게도 부정적인 열 사람의 의견을 듣고 여호수아와
갈렙을 죽이겠다는 위협까지 하며 필요하다면 모세 대신 새 지도자를
세워 애굽으로 돌아갈 계획을 했다. 하나님은 분노하셨고, 모세가 다
시 백성들을 위해 하나님께 용서를 빌었다(14:11~20). 이때 하나님이
내리실 징계의 내용을 말씀하셨는데, 모세의 간구로 인해 나아지기는
하였지만 역시 가혹한 벌이었다.

이 정찰 결과 보고로 이스라엘 백성은 엄청난 변화를 겪어야 했다.
자기 부족을 대표하여 정찰 임무에 가담한 10명의 정찰병의 불신앙은
그 부족 전체가 가나안 땅에도 들어가지 못하고 광야에서 40여 년 동

안 방황하다가 죽었다. 여호수아와 갈렙 부족도 정탐한 하루를 1년으로 계산하여 40년을 광야에서 고통받으며, 가나안 입국이 보류되었다.

민수기 13장과 14장의 이 정찰대 사건만 없었으면, 적어도 이스라엘 민족은 40년의 시간을 허비하지 않아도 되었을 것이고, 애굽에서 출발한 이스라엘 민족 12지파 전부가 가나안 땅에 들어갔을 텐데 하는 생각을 해본다. 안타깝게도 애굽에서 해방된 10지파의 조상들은 광야에서 다 죽고 그들의 후손들만이 40년 후에 가나안에 들어가게 된다. 그런데 군사 전략의 시각으로 이 정찰 작전을 분석해 보면 몇 가지 의문을 가지게 되는데, 이 의문을 풀어가며 이에 따른 교훈을 생각해 보면서 영적 교훈을 생각해 보기로 하자.

2. 가나안 정찰 작전의 영적 교훈

하나님의 인도하심과 약속을 의심하는 자는 영적 전투에서 이길 수 없다

왜 하나님이 이 정찰 작전을 모세에게 지시하셨을까? 그런데 이러한 의문은 신명기 1장 19절 이하를 보면 하나님이 일방적으로 지시한 작전이 아님을 쉽게 찾아볼 수 있다. 바란 광야에 도착한 이스라엘 백성들은 바로 가나안 땅으로 진입하려는 모세에게 가서 우리가 섣불리 바로 들어가다가는 그곳 거민에게 당할지도 모르니 "우리가 사람을 우리 앞서 보내어 우리를 위하여 그곳을 정탐하자"고 말했다. 이에 모세가 이 말을 선히 여겨 작전에 동의하였다. 성경에 자세한 기록은 없지만 모세는 하나님께 이 문제로 기도한 것으로 추측할 수 있다. 하나님은 광야에서 낮에는 구름 기둥으로, 밤에는 불기둥으로 인도하여 가나안 입구인 바란 광야까지 인도하니 이제 와서 하나님을 신뢰하지 못하고, 하나님의 약속을 의심했던 것이다. 이에 하나님께서는 이들의 요구를 들어주어 가나안 정찰을 허락하셨다. 아직도 이스라엘 백성은 가나안에 들어갈 영적 준비가 안 된 것이다. 이들 12명의 정탐꾼은 공히 가나안 정찰을 마치고 보고한 내용에서도 보는 바와 같이 가나안 땅은 약속대로 젖과 꿀이 흐르는 땅이었다.

그러나, 이스라엘 민족은 사전에 보지 않고 확인하지 못한 것은 믿지 않고 의심했던 것이다. 믿음은 두 가지 형태로 확인된다고 생각한다. 우리가 먼저 어떤 사실에 대하여 선생님이나 서적 등을 통하여 배우게 되면 그것을 알게 되고 그것을 실험이나 경험을 통하여 확신하게 된다. 또 다른 형태는 어떤 사실을 직접 보지는 못하고 경험하지 못했지만 계속해서 믿고 있는 상태이다. 간단히 표현하면 보아야 믿는 사람이 있는가 하면 무조건적인 믿음을 가지고 생활하다 보니 나중에 그 사실을 보게 되고 경험하게 되는 경우이다. 신앙은 하나님이 말씀하셨으니 우리가 믿는 것이며 그 약속한 일은 우리가 결국은 보게 되며 경험하게 될 것이다.

하나님이 인간에게 약속하신 모든 일은 다 이루어졌으며, 또 이루어질 것이다. 우리는 가나안 입구에서 정찰대를 파견하고야 믿는 믿음을 가지지 말고, 하나님이 말씀하셨으니 그 약속을 믿고 그대로 진군하는 믿음을 가져야 한다. 이렇게 할 때 우리는 40년의 시간을 단축할 수 있을 것이며, 낙오한 10지파의 조상들과 같은 경우 없이 우리 모두가 천국에서 만날 수 있을 줄 믿는다.

우리에게 주어진 가나안을 향해 도전해야 한다.

군사적인 교리로 볼 때 각 지파에서 한 명씩 그것도 "두령"이라고 했으니 그 지파에 지도자들을 뽑아서 정찰대로 보냈다는 의미인데, 이점이 이해가 되지 않는다. 여기 "두령"이라는 단어는 히브리 원어에 "로쉬"라고 하는 단어인데 구약에 599회 사용되고 있다. 의미는 지도자, 족장, 군사 지휘자, 또는 우두머리라는 뜻으로 사용되어졌는데 민수기 13장 3절에서는 각 지파에서 강하고, 군사적 지식이 있는 군대 지휘자였던 것으로 해석된다. 이런 두령들 12명을 뽑아 정찰대로 보냈으니 서로 협조하고 의견을 모의는 일이 대단히 힘들었을 것으로 여겨졌던 것이다.

만약 갈렙 지파에서 12명을 선발하여 보냈다면 어떻게 되었을까? 만약 부정적 보고를 했던 베냐민 지파나, 에브라임 지파에서 12명을 선발하여 보냈다면 결과는 어떻게 되었을까? 군사적 개념으로 보면 한 지파에서 좀더 적은 인원이 정찰 임무를 수행하는 것이 더 효과적이었을 것으로 생각된다.

더구나 이 정찰 작전에는 정찰 대장을 발견할 수가 없다. 어느 군사 작전에 지휘자가 없는 작전이 있겠는가? 이 문제가 왜 그리 중요하냐 하면 한 지휘자가 임명되었더라면, 정찰이 끝난 후 회의를 통하여 가나안 땅을 정복할 수 있다든지, 없다든지, 아니면 이런 점은 강하고 이런 점은 약한데 모세 선지자께서 지시하는 대로하겠다고 보고하였을 것이다. 이러한 내용을 정리하다 보니 순수한 군사 정찰 작전으로 이해할 수 있기보다는, 또 다른 기독교 생활에 필요한 교훈을 주시는 것으로 믿어진다.

이 작전에서 정탐꾼을 각 지파에서 선발한 것이나, 정찰대에 지휘

자가 없는 것은 우리 각 개인은 지상에서 우리가 행한 모든 일을 하나
님께 직접 보고해야 된다는 사실이다. 우리는 하나님으로부터 선택받
은 영적 이스라엘 민족이다. 하나님은 이 선택한 백성에게 때로는 본
인의 기도의 응답으로, 때로는 하나님의 강권적인 역사로 우리들에게
젖과 꿀이 흐르는 가나안, 다시 말해서 천국의 일들을 맡기시며, 그 결
과에 대해 각 개인으로부터 보고 받으실 것이다. 우리는 오늘도 세상
에서 하나님께서 허락하신 일을 하고 있고, 하나님의 은혜를 체험하
며 살고 있다.

그런데 혹시 우리 중에는 10명의 정탐꾼이 보고하였듯이 봉사를 통
하여 젖과 꿀이 흐르는 영적 체험을 했으면서도, 그들은 도전하지 않
고 불평이나 불만을 더욱 앞세워 부정적인 보고를 하지 않았는가? 두
명이 들어야 운반할 수 있었던 포도송이를 메어 보았으면서 개인적
이해나 정욕으로 인하여 부정적 보고를 하지 않을지 걱정된다. 왜냐
하면 10명과 2명으로 나뉘어 나른 보고를 한 숫자의 의미를 분명히 알
수는 없지만 하나님이 기뻐하신 보고를 한 사람이 훨씬 적었기 때문
이다. 우리는 여호수아와 갈렙처럼 하나님이 함께 하시면 그 땅이 우
리 것이 되리라는 신앙적 보고를 준비할 수 있어야 겠다.

마태복음 25장에도 재림을 대비한 성도들의 신앙 자세를 예수님이
여러 가지 비유로 설명하시는 중에 달란트 비유가 나온다. 이 비유의
핵심적 교훈은 하나님은 우리 모두에게 각자의 재능에 따라 그에 맞
는 달란트를 주셨다는 것이다. 그런데 이 맡겨진 달란트를 최대한 활
용해서 이윤을 남기는 생활을 해야 한다는 것이다. "오랜 후에 그 종
들의 주인이 돌아와 저희와 회계할새"(19절)라고 기록되어 있다. '회
계' 한다는 말은 우리에게 주어진 지상의 삶을 하나님과 일 대 일로 결

산할 때가 온다는 의미이다. 맡겨진 달란트를 잘 활용하여 하나님께
충성한 사람은 "착하고 충성된 종"이라고 칭찬을 받고, 그렇지 못한
사람은 "악하고 게으른 종"이라고 불릴 것이다. 가나안 정찰 작전을
통해서 신앙 생활은 각 개개인의 문제임을 깨닫게 한다.

정탐꾼은 적진에서 살아남아야 한다.

기독교인의 삶은 정탐꾼의 삶과 같다. 정탐꾼의 삶의 특징은 무엇
일까? 정탐꾼은 적지에서 정해진 기간 동안 생활해야 한다. 우리가 살
고 있는 이 땅이 영적으로 적지라고 생각하는가, 아군 지역이라고 생
각하는가?

미국 워싱턴 DC 이스트런 고등학교에서 한 학생이 다른 친구와 말
다툼 끝에 권총으로 친구를 쏜 사건이 발생했다. 이와 같은 사건이 자
주 발생하니 미국의 각 고등학교에는 경찰이 상주하여 근무하고 있으
며, 금속 탐지기가 설치되어 있다. 미국 버지니아 주 알링톤에 거주하
는 에임스 씨는 미 중앙정보부에 근무하면서 구소련과 러시아로부터
250만 불의 돈을 받고 미국의 비밀을 넘겨주어 소련에서 활동하던 친
미 요원들이 약 10명 정도 처형되었을 것으로 알려졌다. 워싱턴 DC
근교에 사는 보비트라는 부인은 자기 남편의 신체의 한 부분을 자르
고도 법정에서 무죄 판결을 받고 방송과 텔레비전에 출연하여 돈을
벌고 있다.

이곳이 우리 기독교인에게 영적으로 아군 지역이라고 말할 수 있을
까? 우리는 적지에 살고 있는 것이다. 그래서 우리는 날마다 영적 싸
움을 하고 있다고 표현한다. 하지만 우리는 희망을 가지고 산다. 우리
는 이 적지에서 영원히 사는 것이 아니고 우리에게 주어진 임무를 다

마치면 우리는 우리의 본향으로 돌아갈 것이다. 12명의 정탐꾼도 40일 간의 정찰 임무를 마치고 돌아왔다.

그런데, 이 정찰 작전에서 또 한 가지 주목할 수 있는 점은 정찰 기간이 정찰 명령이 하달될 때에 포함되어 있지 않았음을 우리는 쉽게 발견할 수가 있다. 이 일을 통하여 이유는 알 수 없지만 하나님께서는 우리에게 시간에 대해서는 알려주시지 않았음을 깨닫게 된다. 여기서 40일 동안 정찰하고 돌아오라고 명령하신 것이 아니고, 정찰을 마치고 보니 40일이 소요된 것으로 추측할 수 있다. 우리는 어느 정도 이 세상에서 하나님이 맡기신 일을 할 수 있을지는 몰라도 우리는 조만간 정찰 임무를 마치고 우리 영적 이스라엘 민족에게 돌아가야 할 것이다. 우리는 이 적지에서 생활하면서 하나님이 기뻐하시는 보고서를 준비해야 한다.

또한 정탐꾼은 적지에서 활동하지만 적군의 생활과 사회 규범 등에는 결코 동화되지 않는 모습을 발견할 수 있다. 우리는 이 사회의 죄악과 타협할 수 없으며 앞서 말한 에임스처럼 이중 간첩으로 살아 갈 수 없다. 평상시에는 하나님 나라를 위하여 열심히 일하는 것 같지만, 또는 겉으로는 하나님 편인 것 같지만 물질의 문제라든가, 병예의 문제, 또는 어떠한 성격의 문제 등으로 이중 간첩과 같은 삶을 살고 있지나 않은지 우리는 스스로를 돌아보아야 한다. 우리는 이 세상에서 하나님이 맡기신 사명만을 기억하면서 이 세상에 동화되지 않고 우리가 천국에 가서 보고를 할 때는 하나님이 기뻐하시는 보고를 드리기를 바라는 것이다.

또한 우리는 정찰 결과 보고를 할 때 빈손으로 하지 말아야 한다. 모세는 정탐꾼을 파송하면서 "그 땅의 실과를 가져오라"고 명령했다.

그래서 이들은 정탐을 마치고 포도와 석류와 무화과 열매를 가져왔는데 그 중에 가장 돋보이는 것은 포도송이였다. 이 포도 열매가 얼마나 무거웠던지 어깨에 두 사람이 메고 왔다. 이 포도송이를 생각할 때마다 요한복음 15장 5절, "나는 포도나무요 너희는 가지니 저가 내 안에, 내가 저 안에 있으면 이 사람은 과실을 많이 맺나니 나를 떠나서는 너희가 아무 것도 할 수 없음이라"라는 말씀과 요한계시록 14장 18절 하반절에 나오는 "땅의 포도송이를 거두라 그 포도가 익었느니라"라는 말씀이 기억된다. 아마도 우리 하나님께서는 예수님을 통한 열매를 원하고 계심을 알 수 있다. 이는 곧 복음의 열매를 의미한다고 믿어진다. 우리는 이 세상에서 복음의 열매 곧 포도를 거두어 이 열매를 서로서로 메고 하나님 앞에 가서 기쁘게 보고할 수 있기를 기도하자.

문제를 놓고 도망치면 결과는 더 악화된다.

이스라엘 민족은 하나님의 약속을 따라 가나안 입구에 도착하였다. 이제 남은 문제는 여기서 주춤거리지 않고 담대하게 진격하면 되었다. 그런데 이스라엘 민족의 불신앙은 가나안 땅을 사전에 정찰하기를 바랐으며, 정찰 결과는 불신앙 쪽이 우세하여 결국은 모세와 아론을 원망하며 "우리가 한 장관을 세우고 애굽으로 돌아가자"(민수기 14:4)라고 했다. 종살이했던 애굽으로 다시 돌아가자는 말에 모세가 너무 어이가 없어 당황하고 있을 때, 14장 11절에서 여호와께서는 모세에게 말씀하시기를 "이 백성이 어느 때까지 나를 멸시하겠느냐 내가 그들 중에 모든 이적을 행한 것도 생각지 아니하고 어느 때까지 나를 믿지 않겠느냐"라고 하셨다. 그래서 모세는 하나님께 중보 기도를 드렸다. "여호와는 노하기를 더디하고 인자가 많아 죄악과 과실을 사

하나 형벌 받을 자는 결단코 사하지 아니하고 아비의 죄악을 자식에게 갚아 삼, 사대까지 이르게 하리라 하셨나이다 구하옵나니 주의 인자의 광대하심을 따라 이 백성의 죄악을 사하시되 애굽에서부터 지금까지 이 백성을 사하신 것같이 사하옵소서"(14:18~19). 그런데 이 모세의 중보 기도에 하나님은 내가 너희의 죄악은 용서하겠지만 "나의 영광과 애굽과 광야에서 행한 나의 이적을 보고도 이같이 열번이나 나를 시험하고 내 목소리를 청종치 아니한 그 사람들은 내가 그 조상들에게 맹세한 땅을 결단코 보지 못할 것이요. 또 나를 멸시하는 사람은 하나라도 그것을 보지 못하리라"(14:22~23)고 선언하셨다.

요나 선지자 이야기에서도 니느웨 성으로 가서 외치라는 하나님 말씀을 피하려다, 고생은 고생대로 다하고, 시간은 시간대로 다 허비하고, 결국은 하나님 말씀을 순종했던 모습을 보지 않는가? 우리 앞에 어떠한 문제가 있을 때 우리는 우리 신앙 생활을 통하여 하나님이 보여주신 사랑과 체험을 기억하시면서 주저하지 말고 앞으로 전진해야 한다.

우리는 하나님의 능력을 의심하고 멸시해서는 안 된다. 여호수아와 갈렙처럼 긍정적인 신앙을 가져서 우리노 이러한 보고를 할 수 있는 믿음을 소유하자. "여호와께서 우리를 기뻐하시면 우리를 그 땅으로 인도하여 들이시고 그 땅을 우리에게 주시리라 이는 과연 젖과 꿀이 흐르는 땅이니라."(14:8) 이러한 보고에 대하여 하나님은 14장 24절에서 이렇게 기뻐하시며 말씀하셨다. "오직 내 종 갈렙은 그 마음이 그들과 달라서 나를 온전히 좇았은즉 그의 갔던 땅으로 내가 그를 인도하여 들이리니 그 자손이 그 땅을 차지하리라."

믿음은 부정적인 것이 아니며, 불평도 아니다. 믿음은 긍정적인 것이며, 감사가 넘치는 마음이다. 할 수 없다는 것이 아니며, 할 수 있다는 담대함이다. 그런데 내가 할 수 있다는 것이 아니요, 하나님이 기뻐하시면 무엇이든 할 수 있다는 생각이다. 예수님께서 말씀하셨다. "할 수 있거든이 무슨 말이냐 믿는 자에게는 능치 못할 일이 없느니라"(마가복음 9:23). 바울 사도도 "내게 능력 주시는 자 안에서 내가 모든 것을 할 수 있느니라(I can do everything through him who gives me strength)"(빌립보서 4:13)고 그의 믿음을 고백했다. 가나안 정찰 작전은 우리에게 긍정적인 신앙관을 가지고 정탐꾼의 삶을 충실히 살다가 하나님께 돌아오기를 바라시는 하나님의 뜻임을 깨닫게 한다.

3. 난공불락의 여리고 성을 정복하다
가나안 정복 작전

"이스라엘 자손들로 인하여 여리고는 굳게 닫혔고 출입하는 자 없더라 여호와께서 여호수아에게 이르시되 보라 내가 여리고와 그 왕과 용사들을 네 손에 붙였으니 너희 모든 군사는 성을 둘러 성 주위를 매일 한 번씩 돌되 엿새 동안을 그리하라 제사장 일곱은 일곱 양각나팔을 잡고 언약궤 앞에서 행할 것이요, 제 칠 일에는 성을 일곱 번 돌며 제사장들은 나팔을 불 것이며 제사장들이 양각나팔을 길게 울려 불어서 그 나팔 소리가 너희에게 들릴 때에는 백성은 다 큰 소리로 외쳐 부를 것이라 그리하면 그 성벽이 무너져 내리리니 백성은 각기 앞으로 올라갈지니라 하시매… 이에 백성은 외치고 제사장들은 나팔을 불매 백성이 나팔 소리를 듣는 동시에 크게 소리질러 외치니 성벽이 무너져 내린지라 백성이 각기 앞으로 나아가 성에 들어가서 그 성을 취하고 성 중에 있는 것을 다 멸하되 남녀 노유와 우양과 나귀를 칼날로 멸하니라"(여호수아 6:1~21).

1. 아군 상황

39년 전 이스라엘 백성들은 가데스 바네아에서 하나님이 이스라엘에게 약속하신 가나안 땅에 직접 진입하지 못하고 12명의 정탐꾼을 파견했다. 한편 정탐대원의 보고 중 다수인 10명은 하나님의 약속을 믿지 못하고 가나안 땅을 정복하기에는 자기들은 "메뚜기" 같을 뿐이라고 부정적 보고를 했던 반면 소수인 여호수아와 갈렙은 "여호와께서 우리를 기뻐하시면 우리를 그 땅으로 인도하여 들이시고 그 땅을 우리에게 주시리라 이는 과연 젖과 꿀이 흐르는 땅이니라"(민수기 14:8)고 긍정적인 믿음의 보고를 하였다. 이 결과 하나님의 약속을 믿지 않고 반역한 10지파 사람들은 모두 다 약속의 땅에 들어가지 못하고 20세 이상된 자들은 다 광야에서 죽음을 맞게 되었다. 가나안 정찰에 직접 참여한 정탐꾼 중에는 여호수아와 갈렙만이 생존하여 가나안 정복작전에 참여할 수 있었다.

모세는 하나님의 인도와 도우심으로 이스라엘 백성들을 39년 동안 잘 인도하여 이제 요단강을 건너면 약속의 땅 가나안에 진입할 수 있었다. 모세는 이제 가나안 땅을 목전에 두고 있었지만, 나이가 120세가 되었고, 거동도 불편하였다. 모세는 자기의 거동이 불편함에도 가나안 땅에 이스라엘 백성을 직접 인도하여 그 땅으로 인도하고 싶었다. 그러나 여호와 하나님께서 이를 허락하지 않으셨고, 모세는 하나님께 순종하였다. 모세는 자신의 임종이 얼마 남지 않은 때에 하나님의 지시에 따라 가나안 땅이 바라보이는 느보(Nebo) 산에 올라갔다. 하나님은 모세가 가나안 땅에 들어가지 못하는 이유를 므리바의 물 사건(민수기 20:10~13)임을 상기 시키셨다. "이는 너희가 신 광야 가데스의 므리바 물가에서 이스라엘 자손 중 내게 범죄하여 나의 거룩함을 이스라엘 자손 중에서 나타내지 아니한 연고라 내가 이스라엘 자손에게 주는 땅을 네가 바라보기는 하려니와 그리로 들어가지는 못하리라 하시니라"(신명기 32:51~52) 비록 모세 자신은 직접 축복의 땅으로 들어갈 수 없었지만, 그는 죽기 전에 약속을 이루시는 하나님의 신실한 모습을 확인할 수 있었다.

그러나 모세는 자신이 죽기 전에 이제 곧 이스라엘이 가나안 땅에 들어갈 것을 대비하여 사전 준비를 하였다. 여호와 하나님이 약속한 가나안 땅은 아무도 살지 않는 비옥한 땅만은 아니었다. 약속의 땅을 점령하기 위해서는 이스라엘 백성은 싸워야 했다. 이를 위해서 모세는 다시금 인구 조사를 했다(민수기 26장). 시내 산에서 인구 조사 후 39년이 흘렀고, 120만 명이 죽었다. 가나안 정복 전쟁을 위하여 20세 이상의 남자 숫자를 조사한 결과 601,730이었다. 이전에 조사한 20세 이상의 남자 숫자는 603,550명이었다(민수기 1:46).

더욱 중요한 일은 누군가를 자기의 후계자로 세워 가나안 정복 작전을 지휘하게 하는 것이었다. 여호수아와 갈렙이 가장 연장자로 적격이었다. 39년 전 가나안 정찰 임무를 수행하고 돌아와 보고할 때만 해도 갈렙이 이스라엘 백성 앞에 서서 그들을 설득하였다. 그후로는 여호수아가 모세의 후계자로 훈련받는 모습을 여러 곳에서 찾아볼 수 있다. 여호수아는 아말렉과의 전쟁에서 야전군 사령관으로 싸워 승리하였다(출애굽기 17:8~14). 모세가 율법을 받기 위해 시내 산에 가는 길도 일부 동행하였다(출애굽기 24:13). 그는 이스라엘이 금송아지를 만들어 여호와 하나님께 범죄한 이유로 이스라엘 백성이 회개한 후에도 회막을 떠나지 않고 모세를 보조하였다(출애굽기 33:11). 가장 중요한 것은 하나님이 여호수아를 이스라엘의 새 지도자로 세우신 것이다. "여호와께서 모세에게 이르시되 눈의 아들 여호수아는 신에 감동된 자니 너는 데려다가 그에게 안수하고 그를 제사장 엘르아살과 온 회중 앞에 세우고 그들의 목전에서 그에게 위탁하여 네 존귀를 그에게 돌려 이스라엘 자손의 온 회중으로 그에게 복종하게 하라"(민수기 27:18~20)고 하셨다. 여호수아는 하나님과 이스라엘 백성 앞에서 모세의 인정과 오랜 전우였던 갈렙의 축복 속에 이스라엘의 새 지도자가 되었다.

2. 가나안 땅(적)의 상황

하나님이 약속하신 가나안 땅은 여러 도시들이 각각 국가를 이루어 통치하는 도시 국가였다. 도시 국가마다 왕이 있었고, 성을 건축하여 스스로를 방어하며 살았다. 여호수아는 중앙 통치가 없는 가나안 땅을 정복하기 위해서는 각 성을 차례로 무너뜨리는 수밖에 없었다. 가나안의 각 도시들은 강한 국가가 있었는가 하면 그렇지 못한 국가도 있었다. 39년 전에 여호수아와 갈렙은 이미 40일 동안 이 땅을 정탐하고 돌아왔다. 그 당시에도 가나안 사람은 힘이 세고 강한 성들로 둘러싸였다고 보고하였다. 가나안의 도시 국가들은 서로 싸우기도 했고, 후에 여호수아와 대항하여 남쪽과 북쪽 연맹으로 서로 연합하여 공동의 적에 대해 대항하였다(여호수아 10, 11장). 가나안 사람들은 자기들끼리 또는 외부와 전쟁을 자주 했는데 이로 인해 군인들은 훈련되어 있었고, 전투 경험도 많았다. 더구나 지형은 산지가 비교적 발달되고, 여리고 지역을 지나면 울퉁불퉁한 구릉이 전개되어 있었다. 이러한 지형과 전쟁 경험을 바탕으로 이들은 포위를 당해도 몇달 동안은 견딜 수 있는 식량들을 확보하고 있었다. 사마리아는 3년 이상 앗수르의 포위를 견뎠다(열왕기하 17:5). 이스라엘이 이러한 땅을 점령하기란 쉬운 일이 아니었다.

가나안 문화도 광야 생활이 고작인 이스라엘과는 비교가 안 될 정도로 발달하였다. 성읍은 방어에 유리한 지형 위에 훌륭한 설계와 건축 기술로 건축되어 있었다. 배수 시설도 되어 있었고, 그들은 구리, 납, 금 등을 다룰 줄 알았다. 도자기를 구워 사용하였고, 외국과의 무역도 하고 있었다. 한 곳에 오랫동안 정착한 이들은 농사 기술도 발달하였다. 이러한 불균형은 이스라엘에게는 큰 도전이 되었다. 진보된 문화에 덜 진보된 문화가 흡수되는 것이 일반적이다. 비록 후에 이스라엘 민족이 가나안을 정복하였지만 이들의 문화적 영향을 크게 받게 되었다. 하나님께서는 이방 문화가 이스라엘에 전수되는 것을 막기 위해 모든 가나안 사람을 그 땅에서 쫓아내라고 명하신 것은 이 때문이었다(민수기 33:51~56; 신명기 7:1~5). 그러나 이스라엘 백성들은 그들의 잔류를 허락하였고, 이들이 섬기던 바알 신을 따라 섬기기까지 하여 하나님의 진노를 빚어 재잉이 뒤따르고, 하는 일마다 괴로움이 심하였다(사사기 2:11~15).

3. 중앙 돌파로 승리한 여리고 성 정복 작전

가나안 정복의 구체적 공격 계획이 기록된 곳은 없지만, 정복 과정을 살펴보면 가나안 땅의 중간 지점을 동쪽으로부터 공격하여 남과 북으로 나눈 다음 각 성읍을 정복하였다. 현대적 전쟁 개념으로 이해한다면 중앙 돌파를 통한 각개 격파 전략이라고 말할 수 있겠다.

공격 준비

여호수아는 가나안 정복 임무를 수행하면서 처음 공격 목표를 여리고 성으로 정했다. 그는 39년 전의 가나안 땅의 모습을 상상하면서 이번에는 두 사람의 정탐꾼을 그곳에 보내어 공격에 필요한 정보를 수집했다(여호수아 2장). 이 두 정탐꾼은 요단강을 건너 여리고 성에 잠입하여 기생 라합의 집에서 보호를 받았다. 그러나 이들의 정찰 활동은 노출되었고 여리고 왕은 라합에게 그들을 끌어내라고 명령했지만, 라합은 그들을 숨겨주었다. 라합은 여리고 성이 무너질 것을 확신하고 자신과 가족을 안전하게 보호해 줄 것을 요청했다.

"여호와께서 이 땅을 너희에게 주신 줄을 내가 아노라 우리가 너희를 심히 두려워하고 이 땅 백성이 다 너희 앞에 간담이 녹나니 이는 너희가 애굽에서 나올 때에 여호와께서 너희 앞에서 홍해 물을 마르게 하신 일과 너희가 요단 저편에 있는 아모리 사람의 두 왕 시혼과 옥에게 행한 일 곧 그들을 전멸시킨 일을 우리가 들었음이라 우리가 듣자 곧 마음이 녹았고 너희의 연고로 사람이 정신을 잃었나니 너희 하나님 여호와는 상천하지에 하나님이시니라"(여호수아 2:9~11)고 라합이 정탐꾼에게 여리고 성 주민들의 동향을 설명해 주기도 했다. 두 정탐꾼의 정찰 보고는 여호수아에게 용기를 주었다. 여호수아는 정찰 보고를 들은 다음 날로 백성들에게 요단 강둑으로 이동할 것을 명령했다. 삼일 간의 도하 준비를 마치고 제사장들이 900미터 앞에서 언약궤를 메고 강으로 나아가 제사장들의 발이 강물에 닿았을 때 놀랍게도 물이 갈라졌다.

공격을 위한 영적인 준비

이스라엘 백성은 요단 강을 건너 길갈에서 야영을 하였다. 이곳이 이스라엘의 군사적 교두보가 되었다. 이곳은 요단 강과 여리고 성 사이에 있는 요단 계곡에 있었다. 이곳이 여리고 성과 아이(Ai) 성을 공격하는 기지가 되었다. 하나님께서는 길갈에서 가나안 땅을 점령하기 전에 세 가지 중요한 일을 이스라엘이 겪게 하셨다.

첫째는 모든 남자에 대한 할례였다(여호수아 5:2~9). 요단 강을 건너온 이스라엘 사람들은 새로운 세대였고, 광야에서 태어난 아이들은 할례를 받지 않았다. 그래서 하나님께서는 하나님의 선택된 백성과 이방인들을 구별하는 표징으로 하나님의 명령에 따라 이 예식을 행하셨다.

두번째 사건은 유월절을 지키는 것이었다. 성경은 "이스라엘 자손들이 길갈에 진 쳤고 그 달 십 사 일 저녁에는 여리고 평지에서 유월절을 지켰고"(여호수아 5:10)라고 기록하고 있다. 유월절은 이스라엘 조상이 하나님의 은혜로 애굽에서 구출된 때의 최후의 날을 기념하기 위해서 제정되어 지켜졌다(출애굽기 12:1~14). 이 유월절이 시내 산에서 한번 시켜시고 그 후로는 유월절을 지킨 경우기 한번도 언급되지 않았다. 그런데 가나안 정복을 앞에 두고 40년 후에 다시 유월절을 지키게 되었다. 유월절을 다시 지키게 되므로 택한 백성으로서의 구별됨과 하나님의 백성으로서의 자부심을 다짐하는 계기가 되었다.

세번째로 이스라엘 백성은 유월절을 지킨 다음 날부터 하늘로부터 내리던 만나가 중단된 것이다. 거의 40년 동안 공급받았던 양식이 중단되고 가나안 땅의 소산과 열매를 먹게 되었다(출애굽기 5:10~12).

여리고 성 공격

가나안 정복을 위한 군사적인 정보 수집과 영적 무장을 마친 여호수아는 교두보로 확보한 길갈을 가장 직접적으로 위협하는 여리고 성을 먼저 공격하기로 했다. 여리고 성은 가나안의 중간에 있는 중요한 군사 요충지였으며, 양분할 경우 가나안에 입성하는 데 크게 도움이 되는 중요한 지역이었다. 그러나 여리고 성을 공격하기가 그리 쉬운 일이 아니었다.

1954년부터 1958년까지 여리고 탐사를 지휘했던 영국 고고학 연구소의 케년(Katheleen Kenyon) 여사의 여리고 성에 대한 설명은 우리의 홍미를 끌게 한다. 여리고 성벽은 실제적으로 직접적인 공격이 불가능하게 건축되었다. 적이 가까이 접근함에 따라 3미터 정도 높이의 돌 받침대를 만나게 되는데 이것의 뒤와 위에는 수직 10미터 정도 위에 있는 중앙 벽과 35도의 경사로 이어져 있었다. 가파르고 매끄러운 경사로 인해, 벽을 파괴하거나 불을 지를 수가 없었다. 벽을 허물지 않고는 군인들이 그 경사를 오르기는 힘들었고 사닥다리를 이용한다 하더라도 밑받침을 구할 수가 없었다. 이러한 여리고 성을 점령하기 위해서는 포위하고 기다리는 수밖에 없었지만, 이스라엘에게는 그러한 시간적 여유도 없었던 것으로 여겨진다. 또한 이스라엘이 여리고 성을 점령하기에는 군인들은 충분한 훈련도 받지 못했고, 그것도 충분한 자원과 훈련된 군인들이 방어하는 요새화 된 성을 공격한다는 것은 사실 불가능하게 여겨졌을 것이다.

공격 계획

하나님은 군인으로서는 쉽게 이해하기 힘든 공격 계획을 가지고 계셨다. 아마도 여호수아가 어느 날 여러 가지 공격 계획을 구상하면서 여리고 성 가까이에 왔을 때 스스로가 "여호와의 군대 장관 (Commander of the Army of the Lord)"이라고 소개하는 하나님의 사자를 만나게 되었다(여호수아 5:10~15). 그리고 그로부터 여호수아에게 여리고 성 공격 계획이 하달되었다. 이 계획은 여리고 성을 이스라엘 군사들이 일곱 양각나팔을 잡고 언약궤를 멘 일곱 제사장들의 인도를 받아 엿새 동안 하루에 한 번씩 그리고 마지막 칠 일째 되는 날은 일곱 번 성 주위를 돌게 하는 것이었다. 마지막 날 13번째 여리고 성을 돌고 난 후에는 제사장들이 일곱 양각나팔을 길게 불고 백성들이 이 나팔 소리를 듣고 큰 소리로 함성을 지르면 성벽은 무너질 것이고 군인들과 백성이 여리고 성에 들어갈 것이라는 것이었다.

여리고 성 함락

이 믿기지 않는 공격 계획을 들은 여호수아 장군은 이 공격 계획대로 공격을 감행하였다. 여리고 성은 성 주위를 13번 돌고 난 후 나팔을 불고 백성들이 소리쳤을 때 성이 무너졌다. 두 정탐꾼이 이미 라합에게 말했듯이 여리고 성 주민들은 이스라엘의 승리와 여러 가지 기적의 소식을 알고 공포에 떨고 있던 차에 7일 동안의 성 주위를 계속 도는 작전에 심리적으로 무너진 것이다.

하지만 그렇게 견고했던 여리고 성벽이 함성 소리에 무너진 것은 하나님이 이 공격 작전에도 직접 관여하셨음을 분명히 하는 부분이다. 정탐꾼의 약속대로 기생 라합은 그 가족들과 같이 구출을 받았다. 그러나 모든 성중에 있는 것은 죽임을 당했고, 남녀 노소와 우양과 나귀 등은 칼로 죽임을 당했다. 그러나 이 싸움에서 탈취한 노획물은 이스라엘 백성이 가질 수가 없었다. 하나님의 명령으로 전쟁 노획물은 하나님의 곳간에 들여졌다.

"이 성과 그 가운데 모든 물건은 여호와께 바치되 기생 라합과 무릇 그 집에 동거하는 자는 살리라 이는 그가 우리의 보낸 사자를 숨겼음 이니라 너희는 바칠 물건을 스스로 삼가라 너희가 그것을 바친 후에 그 바친 어느 것이든지 취하면 이스라엘 진으로 바침이 되어 화를 당 케 할까 두려워하노라"(여호수아 6:17~18).

아이 성의 패배와 승리

가나안을 정복하기 위한 두번째 공격 목표는 아이 성이었다. 아이 성의 정확한 위치는 확인되지 않고 있지만 여리고에서 북서쪽으로 14 마일 정도 떨어진 벧엘 동편에 위치한 것으로 추정하고 있다. 여리고 성 공격 준비 때도 정탐꾼을 보내 사전 정보를 탐지했듯이 이번에도 아이 성에 정탐꾼을 보냈다. 정탐꾼이 정탐을 마치고 돌아와서 여호 수아에게 정탐한 내용을 자세히 보고하기보다는 직접 공격 작전을 건 의하였다.

"여호수아에게로 돌아와서 그에게 이르되 백성을 다 올라가게 말고 이삼천 명만 올라가서 아이를 치게 하소서 그들은 소수니 모든 백성 을 그리로 보내어 수고롭게 마소서"(여호수아 7:3).

여호수아 장군은 이 건의를 받아들여 백성 중 삼천 명을 선발하여 아이 성을 공격하였다. 그런데 이들의 공격은 실패했고, 36명이 전사 하고 말았다. 아이 성 군인들은 도망하는 이스라엘 군인들을 스바림 까지 추격하여 이스라엘 백성의 마음을 두렵게 했다. 여리고 성에서 의 승리를 생각할 때 너무도 어처구니없는 패배였다.

여호수아 장군은 너무 큰 충격을 받았다. 이스라엘 장로들과 함께 여호수아는 하나님 언약궤 앞에 하루 종일 엎드려 전투의 패배 원인을 하나님께 물었다. 하나님이 말씀하시는 패배 원인은 군사 작전의 문제가 아니라, 이스라엘 진영에서 여리고 성에서 탈취한 노획물을 건드리지 말라는 하나님의 명령을 어겼기 때문이었다.

"이스라엘이 범죄하여 내가 그들에게 명한 나의 언약을 어기었나니 곧 그들이 바친 물건을 취하고 도적하고 사기하여 자기 기구 가운데 두었느니라"(여호수아 7:11)고 하나님께서 여호수아에게 말씀하셨다. 누구의 소행인지 조사가 시작되고 아간이 범죄했음을 자백했다. 그는 여리고에서 하나님께 바쳐진 노획물 중에 바벨론 옷과 은 이백 세겔과 오십 세겔의 금덩이를 취하여 감추었다. 이 물품을 찾은 다음 아간과 그의 가족을 돌로 치고 그 소유물을 불살랐다(여호수아 7:25).

1차 아이 성 공격에서는 정탐꾼의 건의대로 공격이 이루어졌지만, 죄악을 징벌한 여호수아 장군은 하나님으로부터 "두려워 말라 놀라지 말라 군사를 다 거느리고 일어나 아이로 올라가라 보라 내가 아이 왕과 그 백성과 그 성읍과 그 땅을 다 네 손에 주었노라"(여호수아 8:1)고 말씀하시면서 2차 공격을 허락하셨다. 그러나 하나님께서 이번에는 여리고 성 공격 때처럼 여호와의 군대 장관을 보내어 구체적인 작전 계획을 말씀하시지는 않았다. 여호수아는 하나님의 약속을 신뢰하며 이번에는 주도면밀한 작전 계획을 구상하여 실행해야 했다.

여호수아가 계획한 작전의 개념은 현대전에도 쓰여지고 있는 전술들이었다. 여호수아 장군은 정예부대 3만 명을 선발하여 야간 이동을 감행했다. 그리고 이 3만 명의 주력 부대를 아이 성 뒤편으로 보내 매복시켰다. 여호수아 장군은 나머지 백성들과 같이 1차 아이 성을 공격했던 공격로를 따라 아이 성에 접근하다가 아이 성 군인들이 추격하여 이스라엘 백성을 따라 성 밖으로 나오면 성 뒤에 매복해 있던 3만 명의 주공 병력은 아이 성을 점령하도록 지시하였다. 여호수아 장군이 직접 지휘한 조공 병력은 적을 유인하기 위해 기만 전술을 계획하고 그 병력 중에서 오천 명을 뽑아 아이 성 서편 벧엘과 아이 사이에 매복시켜 이스라엘의 조공 병력이 거짓 패하여 광야로 도망가는 척할 때, 이를 뒤따르는 아이 성 군인들과 주민들을 공격하도록 하였다. 여호수아 장군이 이끄는 조공 부대는 해가 질 무렵 아이 성 군인들이 볼 수 있도록 이동하여 아이 성 골짜기로 들어갔다. 아이 왕이 이를 보고 아침 일찍 일어나 군인들과 백성들을 동원하여 성문을 열고 나와 이스라엘을 공격하였다. 이 때 성 뒤편에 매복해 있던 주력 부대가 성을 쉽게 점령하고, 곧 성읍에 불을 놓았다. 성이 불타는 것을 보고 아이 성 군인들과 백성들은 우왕좌왕하며 어찌할 바를 몰랐고, 성을 점령한 주력 부대의 공격과 오천 명의 복병으로부터의 공격 그리고 패한 것처럼 도주하던 조공 부대의 반격에 아이 성 사람들을 다 죽고 왕은 생포되어 여호수아 장군 앞으로 끌려왔다. 이 때의 광경을 성경은 이렇게 기록하고 있다.

"아이 사람이 뒤를 돌아 본즉 그 성읍에 연기가 하늘에 닿은 것이 보이니 이 길로도 저 길로도 도망할 수 없이 되었고 광야로 도망하던 이스라엘 백성은 그 따르던 자에게로 돌이켰더라 여호수아와 온 이스라엘이 그 복병이 성읍을 점령함과 성읍에 연기가 오름을 보고 다시 돌이켜 아이 사람을 죽이고 복병도 성읍에서 나와 그들을 치매 그들이 이스라엘 중간에 든지라 혹은 이 편에서 혹은 저편에서 쳐죽여서 한 사람도 남거나 도망하지 못하게 하였고 아이 왕을 사로잡아 여호수아 앞으로 끌어 왔더라"(여호수아 8:20~23).

아이 성의 점령으로 가나안 정복 작전의 가장 중요하고 어려웠던 초기 전투가 마무리되었다.

3. 가나안 정복 작전의 영적 교훈

신앙 생활은 하나님이 약속한 젖과 꿀이 흐르는 가나안 땅으로 나아가는 과정이다. 우리는 그 땅으로 나아가기 위하여 사단과의 영적인 전쟁을 이겨야 한다. 또한 가나안 정복 작전에서 우리가 음미해 볼 수 있는 영적 교훈은 영적 전투의 시작은 하나님과의 올바른 관계 정립에서 출발한다는 사실이다.

약속의 땅 가나안은 싸워서 얻는 것이다.

이스라엘의 조상 아브라함에게 여호와께서 오셔서 말씀하셨다.

"너의 본토 친척 아비 집을 떠나 내가 네게 지시할 땅으로 가라"(창세기 12:1).

그래서 아브라함은 자기가 살던 성든 고향 갈내아 우르를 그의 나이 칠십오 세에 떠났다. 하나님은 순종하는 아브라함을 크게 축복하셨다. 아브람이라고 불리던 그는 후에 하나님으로부터 아브라함이라는 이름도 다시 받게 되는데 의미는 '열국의 아비'라는 뜻이다(창세기 17:5).

이 아브라함의 부름은 인류 역사에 중요한 전환점이 되었다. 타락한 인류 역사를 하나님이 보편적으로 다루신 것이 아니라 특별한 선택과 언약 그리고 이를 지켜나가시는 과정으로 주관하심을 의미하는 것이었다. 하나님은 오직 한 인간을 택하셔서 그에게 하나님의 뜻을 전달하셨다. 그리고 이렇게 택함 받은 아브라함을 길러 그를 조상으로 이스라엘이라는 한 국가를 선택하여 인간의 구원을 이루시려 하셨다.

이렇게 구원의 선택은 하나님의 은혜로 일방적인 것이다. 이 세상에 우리가 태어나는 것이 나의 선택이나 의사가 반영된 것이 아니듯이 우리의 영적인 구원도 우리의 선택이 아니라 하나님의 은혜이다. 나중에 바울은 신약 성경에서 창세기 15장 6절의 말씀 "아브람이 여호와를 믿으니 여호와께서 이를 그의 의로 여기시고"와 "의인은 믿음으로 말미암아 살리라"(하박국 2:4)을 근거로 믿음으로 말미암아 의롭다함을 받는다는 구원관을 정립할 수 있었다.

사실 성경은 하나님이 구원 역사를 어떻게 이루어 가시는가를 기록한 책이다. 또한 성경은 하나님의 선택받은 백성들이 어떻게 하나님을 섬기며, 이 세상을 어떻게 살아가야 하는지 가르치는 책이기도 하다. 이러한 신앙적 역사관 속에서 성경에 기록된 전쟁도 이해되어야 한다. 선택된 민족이 하나님의 지시대로 이동하면서 그 민족을 거부하는 국가나 부족들은 멸망을 당했다.

애굽에서의 430년 동안 노예 생활에서 해방되어 가나안에 이르는 40년 간의 광야 생활에서 이스라엘 백성은 하나님과의 관계에서 많은 실패와 성공을 경험했지만, 신실하신 하나님은 이스라엘 백성을 멸하지 아니하시고 가나안 입구까지 이르게 하셨다. 그런데 가나안 땅을 바로 들어가 정착할 수 없었다. 그들은 싸워서 그 땅을 차지해야 했다.

신앙 생활은 하나님이 약속한 가나안으로 가는 과정이라고 영적으로 해석할 수가 있다. 우리 각 개인은 하나님의 일방적인 택함으로 하나님을 알게 되었다. 이제 우리는 택해주신 하나님 은총에 감사하며 그분 뜻대로 살아가야 한다. 우리가 연약할 때는 여리고 성 점령과 같이 성 주위를 13번 돌고 고함치는 작은 노력에도 우리는 전쟁을 이길 수 있을 것이다.

그러나 아이 성과 같은 강하지 않은 성도 하나님과의 관계가 실패하면 우리는 패할 수밖에 없다. 그런데 어떤 위치에서든 신앙 생활은 영적 싸움의 과정이고, 하나님과 같이하는 싸움이다. 천국은 믿는 자에게 약속된 영원한 가나안이지만 하나님이 거부하시는 생각과 습관을 버리지 않고는 들어갈 수가 없다. 기독교인은 이러한 생각과 습관에 대항하여 오늘도 영적인 싸움을 하며 살아가야 한다. 오늘도 우리는 영적 전쟁을 하되 하나님이 같이 하시는 싸움만이 승리할 수 있는 것이다.

자만심과 부정부패는 패배의 요인이 된다.

아이 성의 1차 공격의 실패 원인은 자만심과 부정부패였다. "교만은 패망의 신봉이요 거만한 마음은 넘어짐의 잎집이니라"(잠언 16:18)고 하였다. 여리고 성의 승리는 하나님이 작전을 지시하시고 그대로 이스라엘이 실행함으로 이루어졌다. 여호수아 장군은 이 전쟁의 승리로 명성이 높아졌다(여호수아 6:27).

여호수아는 전쟁의 승리에 대하여 하나님께 영광을 돌리며 감사하는 일에 실패했다. 그리고 즉시 아이 성 공격을 위하여 정탐꾼을 파견하였다. 군인들의 사기도 높았을 것이다. 아이 성은 여리고 성처럼 강하지도 않았다. 그리고 정탐꾼의 보고도 3천명이면 아이 성을 정복할 수 있을 것이라고 보고하였다. 여호수아는 정탐꾼의 건의대로 아이 성을 공격했다. 이 보고를 듣고 여호수아는 하나님께 작전 개시 여부를 물어보아야 했다. 그러나 그는 기도하지 않았다. 아이 성 공격에 대해 하나님의 지시를 받지 않았으며, 하나님과 상의나 의논 한 마디 없이 전투에 임하였다. 여호수아는 1차 아이 성 공격에 실패하고, 36명의 부하를 잃고서야 여호와 언약궤 앞에서 땅에 엎드려 기도했다. 이러한 와중에 하나님의 명령을 어기고 세라의 아들 아간이 여리고 성 전투에서 노획한 물건을 훔치는 사건이 발생했다. 하나님의 명령을 거역하고 마음대로 죄를 범하는 사람과 하나님은 동역하지 않으신다.

도덕적으로 종교적으로 타락한 유다 백성에게 이사야 선지자를 통하여 "너희가 손을 펼 때에 내가 눈을 가리우고 너희가 많이 기도할지라도 내가 듣지 아니하리니 이는 너희의 손에 피가 가득함이라 너희는 스스로 씻으며 스스로 깨끗케 하여 내 목전에서 너희 악업을 버리며 악행을 그치고" (이사야 1:15~16)라고 경고하셨다. 하나님께서는 잘못된 것이 해결되지 않으면 우리와 함께 하시지 않음을 가르치시고 있다. "너는 일어나서 백성을 성결케 하여 이르기를 너희는 스스로 정결케 하여 내일을 기다리라 이스라엘 하나님 여호와의 말씀에 이스라엘아 너희 중에 바친 물건이 있나니 네가 그 바친 물건을 너희 중에서 제하기 전에는 너의 대적을 당치 못하리라" (여호수아 7:13). 1차 아이성 공격 실패 원인을 해결하지 않고는 다시 아이 성을 공격하여 승리할 수 없음을 분명히 하셨다.

신앙 생활은 우리의 잘못을 하나님께 고백하고 예수 그리스도를 통하여 용서받는 행위이다. 하나님께 용서를 구하지 않는 것 자체가 교만이요, 하나님을 인정하지 않는 행위이다. 타락한 인간은 하나님을 닮으려는 거룩한 성품보다 죄를 범하려는 성품이 강하다. 이것을 인정하고 하나님께 죄인임을 고백하는 것이 신앙의 첫 발걸음이다.

"만일 우리가 죄 없다 하면 스스로 속이고 또 진리가 우리 속에 있지 아니할 것이요, 만일 우리가 우리 죄를 자백하면 저는 미쁘시고 의로우사 우리 죄를 사하시며 모든 불의에서 우리를 깨끗케 하실 것이요"(요한일서 1:8~9)라고 말씀하셨다. "내가 내 마음에 죄악을 품으면 주께서 듣지 아니하시리라"(시편 66:18)는 말씀처럼 우리의 삶 속에 죄를 지닌 채 하나님의 응답을 받을 수 없다.

초기 가나안 정복 작전을 통하여 여러 가지 현대적인 전쟁 개념을 생각해 볼 수 있다는 것은 놀라운 일이다. 그러나 하나님은 여리고 성과 아이 성 전투를 통하여 구원받은 성도의 삶은 천국에 이를 때까지 구별된 삶을 위하여 영적 싸움을 하며 살아가야 함을 깨닫게 하신다.

또한 이런 영적 싸움의 승리는 하나님과의 올바른 관계에서만 가능한 것임을 보여 주셨다. 하나님과의 올바른 관계는 죄의 문제를 해결받는 것이다. 이 문제를 해결해 주시기 위해 하나님은 독생자 예수 그리스도를 이 땅에 보내 주셨다. 그러므로 예수 그리스도가 우리의 죄를 용서하실 수 있는 분임을 인정하면 새로운 역사관과 신앙관이 생기는 것이다.

"하나님이 세상을 이처럼 사랑하사 독생자를 주셨으니 이는 저를 믿는 자마다 멸망치 않고 영생을 얻게 하려 하심이니라"(요한복음 3:16)

4. 약한 지도자를 세워 강한 적을 물리치게 하다

기드온 전투

"기드온이 그 꿈과 해몽하는 말을 듣고 경배하고 이스라엘 진중에
돌아와서 이르되 일어나라 여호와께서 미디안 군대를 너희 손에 붙이
셨느니라 하고 삼백 명을 세 대로 나누고 각 손에 나팔과 빈 항아리를
들리고 항아리 안에는 횃불을 감추게 하고 그들에게 이르되 너희는
나만 보고 나의 하는 대로 하되 내가 그 진 가에 이르러서 하는 대로
너희도 그리하여 나와 나를 좇는 자가 다 나팔을 불거든 너희도 그 진
사면에서 또한 나팔을 불며 이르기를 여호와를 위하라, 기드온을 위
하라 하라 하니라 기드온과 그들을 좇는 일백 명이 이경 초에 진 가에
이른즉 번병의 체번할 때라 나팔을 불며 손에 가졌던 항아리를 부수
니라 세 대가 나팔을 불며 항아리를 부수고 좌수에 횃불을 들고 우수
에 나팔을 들어 불며 외쳐 가로되 여호와와 기드온의 칼이여 하고 각
기 당처에 서서 그 진을 사면으로 에워싸매 그 온 적군이 달음질하고
부르짖으며 도망하였는데 삼백 명이 나팔을 불 때에 여호와께서 그

온 적군으로 동무끼리 칼날로 치게 하시므로 적군이 도망하여 스레라의 벧 싯다에 이르고 또 답밧에 가까운 아벨므홀라의 경계에 이르렀으며 이스라엘 사람들은 납달리와 아셀과 므낫세에서부터 모여서 미디안 사람을 쫓았더라"(사사기 7:15~23).

1. 기드온 시대의 역사적 상황

여호수아의 지도 아래 약속의 땅 가나안의 전략적 요충지들을 점령하고 거기에 각 지파들을 정착하는 방식으로 12지파에게 땅을 분배하였다. 하나님께서는 600년 전에 아브라함 자손이 가나안 땅을 정복하고 국가를 형성할 것이라고 약속하셨는데, 이제 그 약속이 성취된 것이다. 하나님의 약속이 있은 후에 이스라엘 백성들은 애굽에서 430년 동안 살았지만 그들은 노예 신분으로 땅을 소유해 본 적이 없었다. 40년 광야 생활도 유랑 생활이었을 뿐이다. 정착을 이룰 수 없었던 방랑자의 삶이 한 곳에 정착하여 새로운 삶의 설계가 가능하게 되었다. 그러나 가나안의 모든 부족 국가들이 이스라엘에게 점령되지 못하고, 여호수아가 그냥 지나쳤던 가나안의 일무 강력한 도시들이 남아 있었으며, 각 지파들은 자기들에게 분배된 땅을 차지하기 위하여 단독으로 전쟁을 치러야 했다(여호수아 13:1~17).

가나안 정복을 주도했던 여호수아가 120세의 노인이 되었다. 그는 하나님이 자기를 부르실 날이 얼마 남지 않음을 알고 마지막으로 장로들과 각 지파의 두령들과 재판장들을 불러 놓고 유언을 했다. 그는 지난 가나안 정복 작전을 회고하면서 하나님이 이스라엘을 위하여 싸우시므로 일당 천의 전과를 가져왔다고 말했다.

"대저 여호와께서 강대한 나라들을 너희 앞에서 쫓아내셨으므로 오늘날까지 너희를 당한 자가 하나도 없었느니라. 너희 중 한 사람이 천 명을 쫓으리니 이는 너희 하나님 여호와 그가 너희에게 말씀하신 것 같이 너희를 위하여 싸우심이라."(여호수아 23:9~10)

사실 이스라엘의 가나안 정복은 하나님의 약속의 성취요, 은혜였다. 여호수아는 가장 중요한 유언을 마지막으로 하였다.

"그러므로 이제는 여호와를 경외하며 성실과 진정으로 그를 섬길 것이라 너희의 열조가 강 저편과 애굽에서 섬기던 신들을 제하여 버리고 여호와만 섬기라 만일 여호와를 섬기는 것이 너희에게 좋지 않게 보이거든 너희 열조가 강 저편에서 섬기던 신이든지 혹 너희의 거하는 땅 아모리 사람의 신이든지 너희 섬길 자를 오늘날 택하라 오직 나와 내 집은 여호와를 섬기겠노라"(여호수아 24:14~15).

여호수아는 가나안 땅에서 정착하려는 이스라엘에게 가장 중요한 것은 하나님을 섬기는 것임을 강조하였다. 이제 이스라엘이 해야 할 일은 노예와 광야 생활에서 함께 하시며 그들을 인도하셨던 하나님께 감사하며 그분의 통치에 순종하면 되었다. 그러면 이들의 미래는 보장되었다. 그러나 이스라엘 백성들은 하나님의 명령을 순종하지 않았으며, 주어진 율법도 지키지 않았다. 더구나 이스라엘 백성들은 하나님의 은혜를 저버리고, 다시 우상을 섬기기 시작했다.

여호수아가 죽은 후 각 지파들은 분배받은 땅을 강화하려는 노력을 계속했다. 그리고 가나안 땅 주변의 국가들이 이들을 경계하며 계속적으로 괴롭혔다. 블레셋 사람들은 지중해 연안에서 자주 침입하였다. 미디안을 위시한 사막의 부족들은 이스라엘의 동쪽 측면을 공격하였다. 강력한 지도자 모세가 죽은 후 각 지파를 하나로 모을 지도자가 없었다. 가나안을 분할 점령한 이스라엘의 힘이 서로 분산되어 약화되었으며, 시간이 흐르면서 형제 지파가 공격을 받아도 도와주지 않고 자기 방어에만 더 신경을 썼다. 따라서 이스라엘은 주변 국가들로부터 끊임없는 고통을 당했다. 이 혼란한 시기는 사무엘 선지자가 사울을 왕으로 기름 부을 때(B.C. 11세기)까지 계속되었다. 이 혼란한 시기를 사사 시대라 부른다.

구약 성경의 사사기는 이 혼란스러웠던 시기에 이스라엘의 실패와 좌절 그리고 회복의 역사을 기록하고 있다. 이 사사 시대의 이스라엘 백성의 마음 상태를 가장 적절히 표현한 같은 기록이 두 번 나온다.

"그 때에는 이스라엘 왕이 없었으므로 사람마다 각각 자기 소견에 옳은 대로 행하였더라"(사사기 17:6, 21:25).

여호수아가 죽은 후 지도자 없이 하나님을 떠나 자기 소견대로 생활했던 이스라엘의 모습을 말해 주고 있다. 하나님을 떠난 이스라엘이 하나님으로부터 분배받은 땅도 제대로 지키지 못하고 자기의 종교와 문화를 유지하는 데 실패하자 그들은 비극적인 사태를 맞게 되었다. 하나님이 여호수아의 유언을 통해 다시 강조하셨던 우상을 숭배해서는 안 된다는 명령도 지켜지지 않았다. 우상 숭배가 이스라엘을 좀먹었으며, 백성들은 주변국들의 공격에 잠시도 벗어나지 못하고 이방인들의 압제에 괴로운 나날을 보내야 했으며, 광야에서도 풍부했던 양식이 없어 굶주리고 떨었다.

이스라엘이 하나님께서 약속하신 풍요로움을 누리지 못하고 축복을 상실한 가장 중요한 영역은 종교 문제였다. 많은 이스라엘 백성들은 정복한 가나안의 종교 행위를 받아들였다. 가나안의 가장 대표적인 신은 바알(Baal) 신이었다. 바알 신은 가나안 사람들로부터 비를 내리며, 농사의 풍년을 주관하는 신으로 섬겨졌다. 이스라엘은 지금까지 광야 생활에서 농사를 해본 적이 없었다. 그들은 가나안에 정착하는 과정에서 농경 기술을 현지 사람들로부터 배워야 했다. 이러한 농경 기술의 전수 과정에서 가나안 사람들이 섬기던 바알 신을 알게 되었다. 가나안 사람들은 풍성한 수확과 거대한 목축의 경제적 풍요는 바알 신을 기쁘게 하면 된다고 믿었다. 이러한 종교적 생각이 이스라엘 백성들에게 스며들었다. 심지어는 여호와 하나님은 원래 광야의 신으로 이스라엘을 위해 싸우시는 신이었고, 바알은 농산물에 풍요를 주는 가나안의 토착신이므로 풍작을 위해서는 바알에게 제사해야 한다고 생각하게 되었다. 이 때문에 여호와를 예배하는 제사에 바알에게 드리는 풍년을 비는 제사의 형태가 혼합되기까지 했다(사사기 6:32). 바알 신의 예배 형식은 종교적 매춘과 관련된 것으로서 어린이 재물과 배 숭배 등이 포함된 잔인성과 비도덕성을 포함하고 있었다. 이러한 혼합주의 예배를 하나님이 기뻐하지 않으셨다는 것은 누구도 알 수 있었지만, 이스라엘 백성들은 이에 매혹됨으로써 여호와께 크게 범죄 하였다. 그 유혹은 기본적으로 경제적인 것이었다. 어리석게도 그들은 바알 제단에 매달림으로써 물질적 축복이 임할 것이라고 믿었다.

그러나 하나님은 어려운 고비마다 그 시대를 구원할 믿음의 영웅들을 세워 주셨다. 이것이 사사 시대의 주제이다. 이스라엘 백성이 말할 수 없는 고통에 빠져 좌절하며 부르짖을 때마다 한 사사를 선택하시고 백성들을 그 고통에서 건져 주셨다. 많은 사사들이 등장했는데 사무엘이나 기드온 같은 고결하고 귀족적인 사사가 있었는가 하면, 삼손 같이 실수가 많고 불안정한 성격의 사사도 있었다.

2. 기드온 전투(사사기 6~8장)

미디안의 공격

여호수아가 가나안을 정복할 당시 신속하고 집중적으로 주요 성과 부족들을 공격하여 승리를 얻을 수 있었다. 그러나 이 전쟁에서 여호수아가 가나안의 세력은 꺾었으나, 완전히 가나안 사람들을 그 땅에서 몰아내지는 못했다. 각 지파들은 할당된 땅을 유지하기 위해 이 잔존 세력들과 계속적인 마찰이 생겼다. 예를 들어 유다 지파는 하나님의 도움으로 산지 거민들은 쫓아내었으나 "골짜기의 거민들은 철병거가 있으므로 그들을 쫓아내지 못하였으며"(사사기 1:19)라고 기록하고 있다. 또한 "베냐민 자손은 예루살렘에 거한 여부스 사람을 쫓아내지 못하였으므로 여부스 사람이 베냐민 자손과 함께 오늘날까지 예루살렘에 거하더라"(사사기 1:21)고 했다.

하나님은 군사적으로 유리한 위치들을 가나안 정복을 통하여 허락하시고, 나머지 잔존 세력들과의 어려움 속에서 이스라엘이 계속적으로 하나님을 신뢰하는지를 확인하려 하신 것 같다. 그런데 이스라엘 역사에서 자주 반복되는 현상은 이스라엘은 평화스러울 때는 하나님을 멀리하고, 어려움이 있으면 하나님께 부르짖고, 하나님 또한 이 부르짖음을 들어 주셨다. 하나님은 이스라엘이 다시 하나님과 관계를 회복하는 데 선지자, 사사, 왕들을 선택하여 그들을 통해 하나님의 뜻을 전하시며 이스라엘을 회복시키셨다.

170년 전에 여호수아에게 패했던 하솔 성읍에 사는 가나안 족속이 다시 강력해져 900승의 철륜 마차를 이끌고 이스라엘을 침공하여 20년 동안 지배하였다. 이때에 하나님은 열두 사사 중 여자였던 드보라를 세워 이스라엘을 구원하셨다. 이후 40년의 평화 시대가 지속되었다.

"이스라엘 자손이 또 여호와의 목전에 악을 행하였으므로 여호와께서 칠 년 동안 그들을 미디안의 손에 붙이셨다."(사사기 6:1)

미디안 사람들은 수확할 때가 되면 아말렉 사람과 "동방 사람"으로 불리던 사막에 사는 사람들과 연합군을 형성하여 농사를 방해하고 수확한 농산물과 가축들을 수탈해 갔다. 이스라엘은 이 연합군으로 인하여 산으로 도망하여 굴을 파고 산성을 만들어 비참하게 살았다. 이러한 비참한 처지에 이르자 이스라엘은 하나님께 부르짖었다.

"이스라엘이 미디안을 인하여 미약함이 심한지라 이에 이스라엘 자손이 여호와께 부르짖었더라"(사사기 6:6)

하나님의 경고

이스라엘의 부르짖음에 하나님께서 미디안의 공격의 원인이 무엇인지를 선지자를 통하여 분명히 밝히셨다.

"이스라엘 자손이 미디안을 인하여 여호와께 부르짖은 고로 여호와께서 이스라엘 자손에게 한 선지자를 보내사 그들에게 이르되 이스라엘 하나님 여호와 말씀에 내가 너희를 애굽에서 인도하여 내며 너희를 그 종 되었던 집에서 나오게 하여 애굽 사람의 손과 너희를 학대하는 모든 자의 손에서 너희를 건져내고 그들을 너희 앞에서 쫓아내고 그 땅을 너희에게 주었으며 내가 또 너희에게 이르기를 나는 너희 하나님 여호와니 너희의 거하는 아모리 사람의 땅의 신들을 두려워 말라 하였으나 너희가 내 목소리를 청종치 아니하였느니라 하셨다 하니라"(사사기 6:7~10)

이스라엘이 미디안으로부터 받는 압제의 원인은 과거에 그들에게 베푸신 하나님의 은혜를 잊고 아모리 사람들의 신을 섬겼기 때문이었다. 이러한 하나님의 경고가 이스라엘 백성들에게 어떠한 반응으로 나타났는지 기록은 없지만, 하나님께서는 기드온이라는 사사를 택하여 그들의 부르짖음을 해결하셨다.

위대한 투사 기드온

기드온의 이름은 "베어 쓰러뜨리는 자" 또는 "위대한 투사"라는 뜻을 지녔지만, 하나님으로부터 소명을 받기까지는 그리 위대해 보이지 않았다. 기드온은 므낫세의 마을 오브라(Ophrah)에 살고 있었는데, 이곳은 미디안의 공격 중심지였던 것 같다. 오브라 사람들은 바알 신당과 행복을 가져다준다는 여신 아세라(Asherah) 상을 세우고 있었다. 기드온이 부름을 받고 하나님께 받은 처음 명령은 이 우상의 신당과 상을 파괴하는 것이었다. 하나님의 사자가 기드온에게 나타나 하나님의 뜻을 전할 때, 그는 밀을 포도주 틀에서 타작하고 있었다. 그는 타작 마당에서 편히 타작한 것이 아니라, 미디안 사람에게 발각되지 않도록 구석진 곳에 있는 포도주 틀에서 포도주를 내는 것처럼 위장하여 밀을 타작했다. 열심히 가족들의 양식을 위하여 위험을 무릅쓰고 일하고 있는 기드온에게 상수리 나무 아래서 이 광경을 바라보던 하나님의 사자가 가까이 와서 "큰 용사여 여호와께서 너와 함께 계시도다"라고 말했다. 여호와가 함께 하셔서 한 농부가 하나님의 용사가 된 것이다(사사기 6:11~13).

기드온은 하나님의 부름에 즉각적으로 순종할 만큼 준비된 사람이 아니었던 것 같다. 그는 하나님의 사자에게 "여호와께서 우리와 함께 계시면 어찌하여 이 모든 일이 우리에게 미쳤나이까"(6:13)하고 따졌다. 칠 년이나 계속되는 미디안의 공격에 기드온과 이스라엘은 지쳐 있었으며, 하나님이 자기들을 버렸다고 생각하였다. 우리도 어려움에 처하면 하나님이 나와 함께 하지 않으시고 잘 될 때는 하나님이 함께 하신다고 생각하기가 쉽다. 그러나 여호와께서 이스라엘과 함께 하시기 때문에 이제 기드온을 부른 것이라고 말씀하시면서 "너는 이 네 힘을 의지하고 가서 이스라엘을 미디안의 손에서 구원하라"(6:14)고 다시 소명을 주셨다. 기드온은 소명을 받았지만, 자기의 연약한 모습을 보면서 하나님께 표적을 구한다. 기드온은 자기 자신을 "나의 집은 므낫세 중에 극히 약하고 나는 내 아비 집에서 제일 작은 자니이다"고 말했다. 그러니 보잘 것 없는 가문과 연약한 몸으로 어떻게 이스라엘을 이끌고 싸울 수 있겠는가? 하나님은 기드온을 꾸짖지 아니하시고 "내가 반드시 너와 함께 하리니 네가 미디안 사람 치기를 한 사람을 치듯 하리라"(6:16)라고 다시 확신을 주셨다. 기드온은 소명에 감사하며 단을 쌓고 하나님께 제사를 드렸다.

소명을 받은 기드온이 하나님으로부터 받은 첫 사명은 이스라엘이 섬기던 바알과 아세라 신상을 파괴하라는 명령이었다. 그리고 견고한 성 위에 하나님 여호와를 위하여 규례대로 한 단을 쌓고 그 둘째 수소를 취하여 아세라 나무로 번제를 드리는 것이었다. 이에 기드온은 열 명의 종을 데리고 야간에 바알 신전과 아세라 상을 파괴하고 여호와의 단을 수축하였다. 기드온은 신변의 위협을 무릅쓰고 하나님 명령을 수행함으로써 참 용기와 신앙을 보여주었다. 그러나 처음에는 이러한 행동이 이스라엘 백성에게도 이상히 여겨져 그를 죽이려 할 정도였는데, 후로는 바알 신이 기드온에게 아무 해를 가하지 못함을 보고 그를 지도자로 받아들이는 계기가 되었다. 이 사건으로 미디안은 아말렉 사람과 동방 사람으로 연합군을 형성하여 이스라엘 골짜기에 진을 치고 공격을 서두르고 있었다. 기드온도 전쟁 준비를 서둘렀다. 이때 여호와의 신이 그에게 강림하심으로 모든 군대가 그를 중심으로 굳게 뭉치었다(6:34).

기드온은 미디안을 공격할 군사를 모집하였다. 놀랍게도 므낫세, 아셀, 스불론, 납달리로부터 32,000명이 모여들었다. 그러나 기드온은 135,000명(사사기 8:10)나 되는 미디안 연합군에 대항하기에는 32,000명의 군사로는 싸우기 힘들다고 판단하였다. 전쟁을 눈앞에 둔 기드온은 하나님이 함께 하신다는 확실한 표적을 보여 달라고 다시 간청했다. 하나님은 이번에도 기드온의 요청대로 표적을 보여 주셨다.

그 첫번째 표적을 "양털 한 뭉치를 타작 마당에 두리니 이슬이 양털에만 있고 사면 땅은 마르면 주께서 이미 말씀하심 같이 내 손으로 이스라엘을 구원하실 줄 내가 알겠나이다"(6:37)고 기드온이 요청했다. 하나님은 기드온의 요청대로 양털은 젖고 땅은 마르는 표적을 주셨다. 기드온은 이 표적으로도 만족하지 못하고 다시 이와 반대되는 두 번째 표적을 보여 달라고 하나님께 요청한다. "주여 내게 진노하지 마옵소서 내가 이번만 말하리이다 구하옵나니 나로 다시 한번 양털로 시험하게 하소서 양털만 마르고 사면 땅에는 다 이슬이 있게 하옵소서"(6:39)라고 하였을 때 하나님은 그의 요청을 다시 들어주셨다. 그제서야 기드온은 하나님이 자기와 함께 하시며 미디안과의 전쟁을 승리로 이끌 수 있음을 확신하였다.

작전 계획

기드온은 하나님이 보여주신 표적을 통해 확신을 가질 수 있었지만, 그의 작전 계획은 변경해야만 했다. 하나님께서 32,000명의 군사가 많다고 하셨다. 하나님께서 숫자가 많다고 하신 이유는 많은 군사로 미디안을 이기면, 숫자의 우세 때문에 승리했다고 자긍하지 않도록 하기 위함이었다.

하나님은 "누구든지 두려워서 떠는 자여든 길르앗 산에서 떠나 돌아가라"고 말하라 하셨다. 기드온의 말을 들은 군인들은 12,000명이 돌아가고 10,000명만이 남았다. 그러나 하나님께서 기드온에게 말씀하시기를 아직도 군사가 많다고 하셨다. 그들을 인도하여 물가로 내려가서 물을 마시게 하여, 개의 핥는 것 같이 하고 물을 마시는 병사와 무릎을 꿇고 물을 마시는 병사는 다 집으로 돌려보내고 손으로 움켜 입에 대고 물을 마시는 병사만 남기라고 하셨다. 기드온이 그렇게 하니, 손으로 물을 핥아먹는 자가 300명이 남았다.

미디안을 공격할 300명의 용사가 선발되자 하나님은 즉각 이 밤에 공격하라고 명령하셨다. "이 밤에 여호와께서 기드온에게 이르시되 일어나 내려가서 적진을 치라 내가 그것을 네 손에 붙였느니라"(7:9). 기드온이 하나님으로부터 공격 명령을 받았다. 하나님은 기드온을 너무 잘 알고 계셨다. 300명으로 미디안을 치기를 두려워하는 기드온에게 그의 부하 부라를 데리고 미디안 진으로 들어가 동태를 살피고 미디안 군인들이 하는 얘기를 듣도록 하셨다. 기드온은 그 곳에 가서 메뚜기의 중다함 같고 해변의 모래가 많음 같은 엄청난 미디안의 군사를 보고 놀라지 않을 수 없었다. 그러나 보초들이 주고받는 꿈 얘기를 듣고 승리에 확신을 가지게 되었다. 꿈의 해몽은 "이는 다른 것이 아니라 이스라엘 사람 요아스의 아들 기드온의 칼날이라 하나님이 미디안과 그 모든 군대를 그의 손에 붙이셨느니라 하더라"(7:14)고 하는 것이었다. 이들은 이스라엘을 공격하기 위하여 진을 치고 있으면서 싸움에 두려움과 패배의식을 이미 가지고 있었다. 기드온은 이 야간 정찰을 통해 다시 한번 하나님이 함께하시는 싸움임을 확신하였다.

하나님은 기드온의 300용사를 무기로 무장시키지도 않으셨다. 그리고 하나님의 작전은 상상을 초월한 것이었다. 이삼백 명 용사들에게 기드온은 나팔과 빈 항아리를 들게 하고 백 명씩 3개조로 나누어 미디안이 야영하는 골짜기에 야간에 접근하여 그들을 기습하는 것이었다. 은밀한 접근을 위해 횃불은 항아리에 감추게 했다. 기드온이 이끄는 100명의 용사들이 야음을 타서 미디안 야영지에 이르러 매복하고 있었다. 나머지 2개조도 각각 지정된 위치에 도착하여 이들을 포위한 형태로 매복에 들어갔다. 기드온이 이끄는 조가 먼저 이경(middle watch; 모두가 잠든 시간으로 추정)에 보초들이 막 교대를 마치는 시간을 공격 시간으로 하여 나팔을 불며 손에 가졌던 항아리를 부수었다. 나머지 2개조도 이 신호에 따라 나팔을 불며 "여호와를 위하여, 기드온을 위하여"라고 소리를 치며 항아리를 깨뜨려 횃불을 들고 다시 외쳐 "여호와와 기드온의 칼이여" 라고 했을 때, 미디안 군인들은 혼비백산하여 자기들끼리 서로를 죽이며 도망하였고, 기드온 용사들은 이들을 추격하며 전투의 최종 단계인 전과 확대 작전까지 성공적으로 수행했다. 미디안 군인들은 갑작스런 야간 기습에 자기들이 완전 포위되었으며, 수많은 무리가 그들을 공격하고 있다고 착각했다. 이로 인해 두려움과 공포에 떨며 요단 강과 그들의 본토를 향해 도망했다. 기드온은 도망하는 이들을 섬멸하기 위해 에브라임 사람에게 연락하여 그들의 퇴각로를 차단케 하였다. 에브라임 사람들은 퇴각로를 차단하고 그곳으로 도망하는 오렙 방백과 스엡 방백의 지휘관을 생포하여 처형하였다. 이때에 전에 집으로 돌려보냈던 군인들이 전과 확대 작전에 투입되어 미디안 군인을 고향까지 추격하여 두 명의 지휘관 세바와 살문나를 살해하였다(사사기 8:10~12). 하나님이 함께 하신 전쟁은 수적인 우세에서 승패가 좌우되는 것이 아님이 증명된 전쟁이었다. 전술적으로 야간 공격은 수적인 열세를 만회할 수 있으며, 기습의 효과가 주간에 비해 월등함을 시사하는 작전이었다.

3. 기드온 전투가 주는 영적 교훈

하나님은 약자를 들어 강자로 사용하시는 분이시다.

하나님이 약자를 들어 강하게 사용하신다는 신학적 개념은 성경 전체의 주제이기도 하며 특별히 사사 시대에 더욱 두드러지게 나타나고 있다. 하나님은 주위에서 보거나 자기 스스로가 약하고 보잘것없는 존재라고 간주하는 사람을 세워 하나님의 일을 하셨다. 사사기의 메시지에는 하나님께서 약자를 세우시어 강자를 치셨다는 사상이 강조되고 있다. 기드온은 "아비 집에서 제일 작은 자"라고 하였으며, 아버지 집안도 "이스라엘 지파 중에서 제일 약한 가문"이었다. 그는 겉으로 보기에 이스라엘을 미디안의 압제에서 해방시킬 지도자가 될 수 있다고는 주위에서도 믿지 않았고, 본인 자신도 그렇게 생각했다. 어쩌면 그의 형제들은 건장하여 집안의 대외적인 일이나 지파의 일들을 돌보며 지냈는지도 모른다. 기드온이 하나님의 부름을 받았을 때, 그는 미디안 사람들의 눈을 피해 포도주 틀에서 식구들을 위한 양식을 준비하고 있었다. 그래서 그는 자기 자신도 믿기 어려운 하나님의 부름을 확인하기 위하여 하나님의 사자에게 현실적 고통이 하나님이 그들을 떠났기 때문이 아니냐고 항의도 했다. 또한 전쟁을 앞두고는 양털에 이슬이 적셔지고, 마르게 하는 표적을 보여달라고 요청하기도 했다.

전쟁에 임한 기드온은 삼백 명의 용사만으로 미디안 진영에 들어가야했다. 그들은 무장도 하지 못하고, 가진 무기는 항아리, 횃불, 나팔 그리고 하나님을 의지하는 신앙뿐이었다. 이것을 가지고 7년이나 이스라엘을 괴롭히며, 양식을 수탈했던 미디안을 공격하여 그들을 패주시켰으며 또한 그들을 사막으로 내쫓았다. 이 놀라운 승리는 어떠한 무기도 하나님을 따르는 백성을 멸망시키지 못하며, 하나님이 함께 하시지 않으면 아무리 강한 군사력도 소용이 없음을 교훈하고 있다. 그러므로 믿음은 보이는 것에 대한 예견된 결론을 믿는 것이 아니라, 비록 현실적으로 가시화 되지 않은 일이라도 하나님이 함께 하시면 그 일이 성취될 수 있다는 증거를 마음에 가지는 것이다(히브리서 11:1).

하나님은 고린도전서 1장에서 이렇게 말씀하신다. "형제들아 너희를 부르심을 보라 육체를 따라 지혜 있는 자가 많지 아니하며 능한 자가 많지 아니하며 문벌 좋은 자가 많지 아니하도다 그러나 하나님께서 세상의 미련한 것들을 택하사 지혜 있는 자들을 부끄럽게 하려 하시고 세상의 약한 것들을 택하사 강한 것들을 부끄럽게 하려 하시며 하나님께서 세상의 천한 것들과 멸시받는 것들과 없는 것들을 택하사 있는 것들을 폐하려 하시나니 이는 아무 육체라도 하나님 앞에서 자랑하지 못하게 하려 하심이니라"(26~29). 하나님이 함께 하시는 자가 가장 강한 자이다.

승리를 위해서는 순종하며 행동하는 신앙 생활이 요구된다.

사사 시대의 또 하나의 대표적 교훈은 하나님께 순종하는 삶만이 고통을 막고 승리할 수 있음을 교훈하고 있다. 사사 시대의 특징은 지도자 없이 "사람이 각각 그 소견에 옳은 대로 행하였다"는 것이다. 그런데 그 결과는 혼돈과 고통만 있을 뿐이었다. 이스라엘 백성이 자신의 판단으로 행동할 때는 평화 시대였다. 그러나 이 시기가 오래 가지 않았다. 평화 시대에는 하나님을 떠나 마음대로 행동하면 될 것 같아도, 결과는 사회적 혼란과 이웃 나라의 침략이 뒤따랐다.

기드온은 이러한 어려운 시기에 부름을 받았다. 그러나 그는 고통 받는 이스라엘을 보면서 하나님의 사랑을 의심하고 있었기 때문에 부르심에 즉각적인 반응을 보이지 못했다. 또 자신이 연약하기 때문에 그 일을 감당하기 힘들다는 반응을 보였다. 이런 반응을 보면, 기드온은 원래 연약하고 의심이 많고 소망도 확신도 분명하지 않은 사람이었다. 그러나 하나님의 부르심을 확신한 이후로 그는 부르심에 순종하고 행동하는 믿음의 사람이 되었다. 부름 받은 그날밤 기드온은 바알 신전을 파괴하라는 하나님의 명령을 받고, 두렵고 떨렸지만 즉시 순종하므로 기드온이 이스라엘의 지도자로서 인정받는 계기가 되었다. 기드온이 32,000명의 소집된 용사들을 300명으로 줄이라는 하나님 말씀에 순종한 것은 부름 받기 전의 기드온 모습에서는 찾아보기 힘든 모습이다. 무기도 없이 나팔, 횃불, 항아리를 가지고 메뚜기떼의 중다함같이 많았던 미디안 연합군을 300명의 용사로 공격한 그의 믿음과 순종은 한 민족을 구원하게 하였다.

하나님은 순종하고 행동하는 믿음을 바라신다. 하나님은 "순종이 제사보다 낫다"(사무엘상 15:22)고 말씀하셨다. 로마서에서는 예수님의 순종이 없이는 우리가 의로워질 수 없음을 말씀하시고 계신다. "한 사람이 순종치 아니함으로 많은 사람이 죄인 된 것 같이 한 사람의 순종하심으로 많은 사람이 의인이 되리라"(로마서 5:19). 기독교인은 순종이 없이는 믿음을 가질 수 없다. 믿음이 "보지 못하는 것들의 증거"(히브리서 11:1)가 될 수 있는 것은 하나님 말씀에 순종할 때 가능한 것이다.

5. 하나님께 의지하면 전략까지도 인도하신다

블레셋을 물리친 르바임 전투

"이스라엘이 다윗에게 기름을 부어 이스라엘 왕을 삼았다 함을 블레셋 사람이 듣고 다윗을 찾으러 다 올라오매 다윗이 듣고 요해처로 나가니라 블레셋 사람이 이미 이르러 르바임 골짜기에 편만한지라 다윗이 여호와께 물어 가로되, 내가 블레셋 사람에게로 올라가리이까 여호와께서 저희를 내 손에 붙이시겠나이까 여호와께서 다윗에게 말씀하시되 올라가라 내가 단정코 블레셋 사람을 네 손에 붙이리라 하신지라 다윗이 바알브라심에 이르러 거기서 저희를 치고 가로되 여호와께서 물을 흩음같이 내 앞에서 내 대적을 흩으셨다 하므로 그곳 이름을 바알브라심이라 칭하니라 거기서 블레셋 사람들이 그 우상을 버렸으므로 다윗과 그 종자들이 치우니라 블레셋 사람이 다시 올라와서 르바임 골짜기에 편만한지라 다윗이 여호와께 묻자온대 가라사대 올라가지 말고 저희 뒤로 돌아서 뽕나무 수풀 맞은편에서 저희를 엄습하되 뽕나무 꼭대기에서 걸음 걷는 소리가 들리거든 곧 동작하라 그

때에 여호와가 네 앞서 나아가서 블레셋 군대를 치리라 하신지라 이
에 다윗이 여호와의 명대로 행하여 블레셋 사람을 쳐서 게바에서 게
셀까지 이르니라"(사무엘하 5:17∼25).

1. 역사적 배경

사사 시대에 활동한 사사는 12명이었다. 사사들의 싸움의 특징은
개인적인 또는 민족적인 야심에 의해서 그들은 전쟁에 참여하지 않았
다. 그들의 싸움은 전적으로 여호와의 뜻에 순종하기 위해 행한 것이
었다. 또 사사기의 나오는 전쟁들은 여호와가 이스라엘 백성을 적에
게서 해방시키기 위한 해방 전쟁이었다.

또한 언제나 침략에 대한 방어로 전쟁이 있었으며, 이스라엘의 도
전에 의한 것은 아니었다. 단순하고도 소박한 사사의 신앙을 통하여
민족의 존망과 개인의 안위가 결정되는 모습을 보면서, 한 개인의 신
앙이 미치는 영향에 대해 깊이 생각하게 된다. 그리고 이스라엘 각 지
파의 배신과 실패에도 불구하고 하나님은 선택된 백성을 때로는 징계
의 재찍으로, 때로는 사랑과 자비로 인도하시는 모습을 발견한다. 한
민족의 생사화복이 여호와 하나님께 전적으로 달려 있음을 볼 수 있
다.

사사 시대의 마지막 사사는 사무엘이었다. 사무엘이 지도자로 이스
라엘을 다스리는 동안 그들은 외국의 압정에서 벗어나 자유를 누릴
수 있었다. 사무엘은 나이가 들어감에 따라 사사직을 그의 아들 요엘
(Joel)과 아비야(Abiah)에게 물려 주었다. 그러나 이들은 뇌물을 취하
여 부패한 판결을 하였다. 백성들은 이 두 아들의 비리에 불만을 가지

게 되었으며, 이러한 혼란은 주변국으로부터 위협까지 증가하게 되었다. 이스라엘 지도자들이 사무엘에게 찾아와서 현재와 같은 행정 제도와 국가 조직으로는 이러한 혼란을 막을 수 없으니 다른 나라들과 같이 왕을 세워 달라고 요청하기에 이르렀다.

"이스라엘 모든 장로가 모여 라마에 있는 사무엘에게 나아가서 그에게 이르되 보소서 당신은 늙고 당신의 아들들은 당신의 행위를 따르지 아니하니 열방과 같이 우리에게 왕을 세워 우리를 다스리게 하소서 한지라 우리에게 왕을 주어 우리를 다스리게 하라 한 그것을 사무엘이 기뻐하지 아니하여 여호와께 기도하매 여호와께서 사무엘에게 이르시되 백성이 네게 한 말을 다 들으라 그들이 너를 버림이 아니요 나를 버려 자기들의 왕이 되지 못하게 함이니라 내가 그들을 애굽에서 인도하여 낸 날부터 오늘날까지 그들이 모든 행사로 나를 버리고 다른 신들을 섬김 같이 네게도 그리하는도다 그러므로 그들의 말을 듣되 너는 그들에게 엄히 경계하고 그들이 다스릴 왕의 제도를 알게 하라"(사무엘상 8:4~9).

지금까지는 이스라엘의 정치 제도는 하나님이 직접 국정을 관여하는 신정 체제였다. 그런데 이스라엘이 더 이상 신정 체제를 바라지 않게 된 것이다. 사무엘은 개인적으로 이 요청을 싫어했다. 그러한 요청이 자기에 대한 신뢰의 부족과 자기가 물려준 두 아들의 지도력에 반기를 든 것으로 생각했을 것이다. 사무엘은 그들의 요청에 개인적 감정을 앞세우지 않고 하나님께 이 문제를 어떻게 처리해야 할지 기도하였다. 하나님께서는 사무엘에게 "너에 대한 모독이 아니라 하나님

자신에 대한 모욕이다"라고 하셨다. 이때 사무엘은 하나님이 백성들
의 요청을 거절할 것으로 기대했지만, 하나님은 그들의 요청을 받아
들이고 왕의 제도가 어떤 것인지 가르치라고 말씀하셨다.

　하나님에 대한 신앙이 약화될 때마다 하나님의 통치에서 벗어나려
는 인간의 모습이 드러난 것이다. 왕정을 허락하시면서 하나님은 백
성들에게 한 가지 경고를 하라고 말씀하셨는데 그것은 "소산의 십일
조를 취하여 자기 관리와 신하에게 주라"(사무엘상 8:15)는 것이었다.
신정 정치에서 경험하지 못한 심한 세금 부담을 받을 것이라는 내용
이다. 그리고 각 가정에 노비와 자녀와 나귀들이 왕을 위해 차출되어
사용될 것이라고 사무엘을 통하여 경고하셨다. 이런 경고를 듣고도
그들의 태도는 변하지 않았다. 그들은 더욱 강한 어조로 사무엘에게
"우리도 열방과 같이 되어 우리 왕이 우리를 다스리며 우리 앞에 나가
서 우리의 싸움을 싸워야 할 것이니이다"(사무엘상 8:20)고 말하며 재
차 왕정을 요구하였다. 결국 백성들의 요구를 하나님이 허락하심으로
사무엘은 초대 이스라엘 왕으로 사울(Saul)을 기름 부어 세우게 되었
다.

　사울이 초대왕이 된 이스라엘은 당장에는 큰 변화가 없었다. 사울
은 자기 고향 기브아를 수도로 정했다. 처음부터 국경을 명확히 하거
나 대대적인 군대를 조직하지도 않았다. 백성들에게 크게 세금의 부
담을 주지도 않았으며, 각 지파간의 경계선도 그대로 유지했다. 성경
의 기록으로는 처음 집권 2년 간은 그의 국가 조직의 관리로는 사울의
사촌인 아브넬(Abner)이 그의 군대 장관으로 있었다고 되어있다. 새
달이 뜨면 한 달에 한 번씩은 국가 월례회를 열어 정사를 논의하고 결
정했다(사무엘상 20:24~27).

40세에 즉위한 사울은 2년이 지나서 3,000명의 군인을 군대로 소집하여 그 중에 2,000명은 자기와 함께 수도인 기브아에서 북동쪽으로 6.5킬로미터 정도 떨어진 믹바스와 벧엘 산에 주둔시키고, 나머지 1,000명은 아들인 요나단과 같이 베냐민 기브아에 주둔케 하였다. 어떤 이유인지는 알 수 없지만 요나단이 블레셋 수비대를 먼저 공격하게 되었다. 이 사건으로 블레셋 사람이 이스라엘과 싸우기 위해 믹마스로 집결하였다. 이스라엘을 공격하기 위해 모인 군만도 "병거가 삼만이요 마병이 육천이요 백성은 해변의 모래같이 많더라"(사무엘상 13:5)고 기록하고 있다.

신정 정치 아래에서는 선지자나, 사사가 이러한 전쟁에 직면할 때마다 하나님의 뜻을 구했고, 하나님의 허락함에 따라 전쟁을 수행했다. 이런 의미에서 이스라엘의 전쟁은 "거룩한 전쟁(Holy War)" 또는 "하나님의 전쟁"이라 불렸다. 지금까지 이스라엘이 직면한 전쟁은 하나님이 이스라엘 백성을 택하고 그들에게 약속하신 언약을 성취하는 과정에서 이를 인정하지 않는 부족이나, 그들을 공격 섬멸하려는 침략에 대한 방어적 전투가 전부였다. 이스라엘이 타락할 때마다 적들이 이스라엘을 침략하여 압제하고 괴롭혔지만, 그들이 다시 하나님을 찾을 때 하나님의 도움으로 항상 전쟁에서 승리할 수 있었다. 그러나 이번 믹마스 전투는 요나단이 게바에 있는 블레셋 수비대를 먼저 공격하여 시작된 싸움이었다. 이러한 하나님의 뜻을 구하지 않은 군사 행동으로 인해 사울 왕의 왕권이 도전을 받게 되었다.

왕정 시대에 이르면서 종교와 정치는 분리되었다. 그래서 하나님께 드리는 제사는 사무엘 선지자에 의해서 드려져야 했다. 사무엘은 "너는 나보다 앞서 길갈로 내려가라 내가 네게로 내려가서 번제와 화목제를 드리리니 내가 네게 가서 너의 행할 것을 가르칠 때까지 칠 일을 기다리라"(사무엘상 10:8)고 하였다. 사울이 길갈에서 칠 일을 기다리고 있는 동안 믹마스 블레셋 군인들과 백성들이 집결하고, 이스라엘도 전투 준비에 임하고 있었다. 전쟁이 언제 시작될지 일촉즉발의 위기감이 돌았다. 칠일이 지나도 사무엘 선지자가 나타나지 않자 백성들이 하나 둘 흩어지기 시작했다. 사울은 이 순간 사무엘 선지자를 기다려야했다. 그러나 그는 기다리지 못하고 성급한 결정을 내렸다.

"사울이 가로되 번제와 화목제물을 이리로 가져 오라 하여 번제를 드렸더니"(사무엘상 13:9).

사울이 번제를 드린 후에 사무엘 선지자가 도착하였다. 사무엘은 사울의 제사장 직분을 대신한 행위를 "왕이 망령되이 행하였도다"라고 그의 행위를 비난하면서 "지금은 왕의 나라가 길지 못할 것이라 여호와께서 왕에게 명하신 바를 왕이 지키지 아니하였으므로 여호와께서 그 마음에 맞는 사람을 구하여 그 백성의 지도자를 삼으셨느니라"(사무엘상 13:14)고 선언하였다.

사울은 왕권이 길지 못하리라는 사무엘의 경고에 크게 반성하거나 뉘우침이 없었다. 그리고 이이지는 믹미스 초기 전투에서 수적인 열세와 무기의 부족에도 불구하고 아들 요나단의 활약으로 블레셋을 물리치고 승리를 거두게 된다. 요나단에 의해 패한 군사들이 사울이 진치고 있는 베냐민 기브아에 도망하였다. 사울은 이들의 퇴로를 차단하고 그들을 추격하여 공격하였고 많은 전과를 거두었다. 그러나 이스라엘 군대도 상당히 지쳐 있었다. 그런데 사울은 어리석게도 적을 완전히 물리칠 때까지 군대에 하루 동안 아무 음식도 먹지 말라는 명령을 내렸다. 싸움에 지친 군인들이 하루를 먹지 않고 마지막 전투의 마무리를 짓는 것은 너무도 힘든 일이었다. 그들은 지칠 대로 지친 대다 수풀에서 꿀을 발견하고도 사울 왕의 명령 때문에 먹지를 못했다. 그러나 사울 왕의 아들 요나단은 이 명령을 듣지 못하여 수풀의 꿀을 지팡이 끝을 내밀어 따먹으므로 "눈이 밝아졌다"고 했다. 이는 사울 왕의 명령이 잘못된 것임을 시사한다. 자기 아들이 음식을 취한 것을 안 사울은 아들을 희생해서라도 그의 명령이 지켜져야 한다고 믿고 아들을 죽이려 했으나, 백성들의 간구로 살려 주었다(사무엘상 14:24 ~30).

요나단은 아버지의 잘못된 판단으로 마지막 전투에서 큰 전과를 올릴 수 없었다고 지적하고 있다. "요나단이 가로되 내 부친이 이 땅으로 곤란케 하셨도다 보라 내가 이 꿀 조금을 맛보고도 내 눈이 이렇게 밝았거든 하물며 백성이 오늘 그 대적에게서 탈취하여 얻은 것을 임의로 먹었더면 불레셋 사람을 살륙함이 더욱 많지 아니하였겠느냐"(사무엘상 14:29~30).

사울이 충분한 휴식과 음식을 제공하지 않고 부하를 전투에 임하게 한 것은 큰 문제를 야기시켰다. 이스라엘 군인들은 배고픔과 피로를 참으며 전투에 승리를 거뒀다. 그러나 백성들은 싸움이 끝나자 그들이 탈취한 물건에 달려가서 양과 소와 송아지를 잡아 피 있는 채로 먹어 여호와의 율법을 범하는 죄를 짓고 말았다. 사울은 하나님을 의지하지 않은 전쟁을 함으로 싸움에는 이겼지만 하나님과 백성들로부터 배척당하는 결과를 낳았다. 특히 사무엘 선지자를 대신하여 제사장직을 수행한 범죄는 그를 왕위에서 물러나게 하는 데 결정적 역할을 했다. 그 후로 사울은 전쟁 추이에 따라 변덕스럽게 하나님에 대한 태도가 변했으며, 하나님을 무시하는 행동을 하기 시작했다. 그는 그 자신에게 불리할 때는 하나님께 도움을 구하다가 유리할 때는 자기가 승리한 것처럼 자만하는 이기적이고 이중적인 신앙 자세를 보였다. 하나님의 사무엘 선지자를 통해 말씀하신 대로 사울 왕을 이을 후계자를 찾고 계셨다.

2. 다윗의 등장

하나님은 사울을 이을 후계자를 지명하는 데 사무엘 선지자를 사용하셨다. 사무엘은 하나님의 지시에 따라 예루살렘에 가서 이새의 여덟 형제 중에서 하나를 택하여 기름을 붓게 하셨다. 사무엘은 예루살렘에 가서 이새에게 그의 아들들을 데려오게 하였다. 이새가 아들들을 사무엘 앞에 데려왔다. 장자에게 많은 우선권이 주어졌던 이스라엘의 관습에 따라 사무엘은 장자인 엘리압을 보고 그가 여호와의 기름 부으실 자라고 생각하였다.

그런데 하나님은 "사무엘에게 이르시되 그 용모와 신장을 보지 말라 내가 이미 그를 버렸노라 나의 보는 것은 사람과 같지 아니하니 사람은 외모를 보거니와 나 여호와는 중심을 보느니라."(사무엘상 16:7)고 말씀하셨다. 나머지 여섯 명의 아들들이 다 사무엘 앞을 지났지만 하나님은 기름 부음을 허락지 않으셨다.

이때 막내인 다윗은 이런 대열에는 끼지도 못하고 아버지의 명대로 들판에서 양을 지키고 있었다. 사무엘 선지자를 포함한 이새의 식구들 누구도 다윗이 이스라엘의 다음 왕으로 기름 부음을 받으리라고 상상도 못했다. 사무엘은 다른 아들은 없는지 이새에게 물었다. 이새는 대답하기를 아직 막내가 남았는데 양을 지킨다고 대답하였다. 다윗을 데려오라는 사무엘의 지시에 그는 사무엘 앞에 불려왔다. 사무엘이 본 다윗의 첫 인상을 "그의 빛이 붉고 눈이 빼어나고 얼굴이 아름답더라"고 기록되어 있다. 다윗의 아버지와 형들이 지켜보는 가운데 사무엘은 어리다고 표현할 수 있는 다윗을 이스라엘의 둘째 왕으로 기름 부었다. 이날 이후로 다윗에게 여호와의 신이 임하여 권능을 받았다(사무엘상 16:6~13).

다윗은 기름 부음을 받은 후 바로 왕으로 취임하지는 않았다. 그러나 그는 하나님의 도움과 계획 가운데 이스라엘 정치 무대에 서서히 부각되기 시작했다. 다윗은 외모도 수렴했지만 재능이 많았다. 그에 재능에 대하여 성경은 이렇게 기록하고 있다.

"소년 중 한 사람이 대답하여 가로되 내가 베들레헴 사람 이새의 아들을 본즉 탈 줄을 알고 호기와 무용과 구변이 있는 준수한 자라 여호와께서 그와 함께 계시더이다"(사무엘상 16:18).

악기를 다룰 줄 알고 용감하고 말도 잘하고 외모도 준수하고, 더구나 여호와께서 그와 함께 하셨으니 지도자로서 모든 것을 갖춘 것이다. 하나님은 그의 재능을 이용하여 왕으로서 훈련시키시고 준비시키셨다.

다윗의 음악적 재능은 그가 사울을 만나게 된 계기를 부여하였다. 사울은 사무엘 선지자로부터 그의 왕권이 길지 않을 것이라는 경고를 들은 후에는 주변의 인물들을 경계하며 밤에 잠을 못 자는 불면증에 시달렸다. 사울은 누군가 옆에서 악기를 연주하면 잠이 올 것 같아서 악기를 다룰 줄 아는 사람을 불러오라고 신하에게 말했다. 이때 신하가 이새의 아들 다윗이 하프를 잘 탄다고 말했다. 이리하여 다윗은 처음으로 궁궐에 들어가 사울 왕을 만나게 되었다. 하나님이 함께 하시므로 다윗이 하프를 타면 사울 왕은 잠을 잘 수가 있었다. 사울은 자연 다윗을 좋아하게 되었고, 신임을 받은 다윗은 곧 바로 궁중에 병기 든 자가 되었다(사무엘상 16:21). 병기 든 자의 직책이 분명히 무엇인지 는 말하기 어렵지만 사울 왕 곁에 있을 때 그가 자유롭게 무기를 소지 할 수 있었음에는 틀림이 없다. 아마도 사울 왕이 다윗이 하프를 탈 때 잠이 들면 무기를 소지하고 그를 개인적으로 보호하는 임무였다고 생 각된다. 지금에 경호실장이나 경호요원의 임무라고 말할 수 있을 것 이다. 이같이 시작된 궁궐에서의 일은 다윗에게는 좋은 훈련이 되었 다. 다윗은 여기서 군사와 정치를 배우고, 국가의 지도급 인사들과 교 제하면서 궁정 생활의 좋은 면, 나쁜 면을 관찰하게 되었다. 그러나 아 직 다윗은 계속적으로 궁궐에서 생활한 것은 아니고, 사울 왕의 병세 가 호전되면 집으로 돌아왔다. 이렇게 집에 머물며 아버지를 도와 양 을 치는 어느 날, 다윗의 위치를 부각시키는 사건이 또 생겼다. 그것은 블레셋의 공격이었다.

블레셋 사람이 엘라 골짜기를 통해 이스라엘 땅에 침입하여 베들레 햄 서쪽으로 24킬로미터 지점에서 이스라엘 군과 대치하며 접전하고 있었다. 사울이 직접 이스라엘 군을 지휘하고 있었다. 다윗의 세 형이 이 전투에 참여하고 있었다. 이스라엘과 블레셋은 40일째 서로 대치 하고 있었다. 당시 이스라엘 군대 조직은 평상시에도 편성되어 있는 상비군 제도가 아니었다. 국가가 외부로부터 침략을 당하면 12지파에 서 노약자를 제외한 20세 이상인 남자를 소집하여 전투에 투입하였 다. 평상시에 정규군 제도가 없으므로 전쟁이 일어나면 이들의 군수 보급이 문제가 되었다. 그래서 대부분 소집된 병사가 자기가 싸울 것 과 먹을 식량을 가져가야 했다. 40일이 되어도 싸움이 끝나지 않고 지속되므로 다윗의 아버지 이새는 전투에 참가한 세 아들의 먹을 식량이 떨어졌지 않을까 하는 생각도 들고, 또한 이들이 무사한지 걱정도 되었을 것이다. 그래서 양치는 다윗을 불러 볶은 곡식 한 에바와 떡 열 덩이를 가지고 형들에게 다녀오라고 하였다. 다윗은 주저하지 않고 다음날 아침 일찍 일어나서 양은 양을 지키는 자에게 맡기고 전장을 향했다. 24킬로미터 정도 떨어진 것으로 생각하면 저녁 무렵에서 형들이 있는 싸움터에 도착했을 것이다. 그런데 다윗이 목격한 전세는 이스라엘 진영이 모욕적인 열세를 보이고 있었다. 키가 2.7미터나 되는 골리앗이라는 블레셋 장수가 이스라엘 진영 앞에서 자기와 단 둘이 싸워서 승리하는 편이 전쟁에 이기는 것으로 하자고 큰소리치고 있는데, 이에 아무도 이스라엘 진영에서 나가는 자가 없었다. 두 명의 전사가 싸우는 이런 식의 싸움은 고대 사회에서는 알려지지 않은 싸움이었다. 그리스 로마 시대에 와서야 몇 가지 예를 찾을 수 있다. 이스라엘 진영에서는 만일 골리앗과 싸워 이기는 자에게는 "왕이 많은 재물로 부하게 하고 그 딸을 그에게 주고 그 아비의 집을 이스라엘 중에서 자유하게 하시리라"(사무엘상 17:25)고 포상이 걸려 있었다.

다윗은 이스라엘을 모욕하는 골리앗에게 분개했고 하나님을 위하여 이스라엘을 위하여 싸울 것을 결심하였다. 그는 그의 고백처럼 "여호와의 구원하심이 칼과 창에 있지 아니함을 이 무리로 알게 하리라. 전쟁은 여호와께 속한 것"(사무엘상 17:47)이라는 확신을 가지고 있었다. 다윗이 골리앗과 싸우겠다는 말을 우연히 그의 큰형 엘리압이 듣고 다윗에게 화를 내며 만류했지만 소용이 없었다. 다윗은 사울 왕에게 가서 골리앗에 대하여 걱정하지 말라고 말하면서 자기가 저 블레셋 사람 골리앗과 싸우겠다고 했다. 사울은 결과가 뻔한 싸움에 어린 다윗이 나가는 것을 말렸다. 다윗은 자기가 어린 시절부터 들판에서 양을 치면서 사자와 곰이 양의 새끼를 움키면 그가 뒤따라가서 사자와 곰을 죽이고 새끼를 구해온 일들을 말하면서, 그때에도 같이 하신 하나님이 이스라엘을 모독하는 골리앗과의 싸움 역시 같이하실 것이라고 말했다.

다윗은 과연 용감했다. 사울은 하나님을 인본주의 개념을 초월하지 못하고 섬겼지만, 다윗이 이해한 하나님은 상식과 이론을 초월한 능력의 하나님이었다. 그는 이스라엘을 모독하는 것은 곧 하나님을 모독하는 것이라고 믿었고 하나님을 위하여 싸우기로 한 것이다. 그는 갑옷도 거절하고 칼과 창도 가지지 않고 손에 막대기와 물매와 매끄러운 돌 다섯을 주머니에 넣고 골리앗 앞에 섰다. 다윗은 하나님에 대한 단순한 신뢰 하나로 싸움에 임한 것이다. 예상을 뒤엎고 다윗의 첫 돌매에 골리앗이 이마의 급소를 맞고 쓰러졌다. 다윗은 골리앗의 머리를 예루살렘에 가지고 갔다. 골리앗의 무기는 자기 천막에 두고, 그 칼은 성막에 봉납했디.

다윗이 골리앗을 이기므로 그는 궁정에서 지위를 확보하게 되고 이스라엘 백성들로부터 지도자로 인정받게 되었다. 이때 성경에서 가장 아름다운 우정을 가진 자로 기록된 요나단과 다윗의 만남이 이루어졌다. 블레셋을 물리치고 돌아온 다윗에게 요나단은 자기가 입었던 겉옷을 벗어 그에게 주고 군복과 활, 창, 띠까지 벗어 주었다. 사울은 다윗을 군 최고 사령관에 임명하였다. 백성들 사이에서는 심지어 "사울이 죽인 자는 천천이요 다윗이 죽인 자는 만만이라"는 노래까지 불리워졌다. 다윗의 인기가 급부상하였다. 그러자 다윗의 명성은 사울의 시기를 받게 되었다. 이스라엘이 사울보다 나은 지도자에게 넘어갈 것이라는 예언이 다윗에 의해서 실현될 것이라는 생각이 들기 시작한 사울은 다윗을 죽이려는 계획을 세웠다. 사울은 다윗을 두 번이나 창으로 찔러 죽이려 하였다. 다윗은 요나단의 도움을 받으며 왕궁을 떠나 도피 생활을 시작했다.

광야의 도피 생활 중에도 다윗은 그를 지지하며 따르는 자들과 군대를 조직하여 자신을 보호하는 한편 때를 기다렸다. 다윗은 도피 중에 자신을 직접 추격하던 사울 왕을 두 번이나 죽일 기회가 있었지만, "여호와의 기름 부은 자를 치면 죄가 없겠느냐"고 말하면서 "여호와께서 사시거니와 여호와께서 그를 치시리니 혹 죽을 날이 이르거나 혹 전장에 들어가서 망하리라"고 말하였다. 그는 자기 손으로 여호와께서 기름 부은 자를 죽이는 것을 원치 않는다고 확신했다(사무엘상 26:8~11).

다윗이 이스라엘 군의 사령관에서 물러나자 후임에 아브넬(Abner)을 임명하였지만, 그는 한번도 전투에서 승리를 거두지 못했다. 블레셋도 다윗이 사령관에 있을 때는 그를 두려워하여 공격을 자제하였다. 그러나 다윗이 물러났다는 소식을 듣자 블레셋 군대는 이스라엘을 다시 압박하기 시작했다. 사울은 다윗을 죽이기 위해 추격하다가 블레셋의 침입 소식을 듣고 그를 추격하는 것을 잠시 보류하고 방어에 임하였다(사무엘상 23:27~28).

이때 블레셋 군대가 길보아 산 근처 수넴에 진을 쳤다. 사울은 이에 대항하고자 부대를 이 지역으로 이동하고 길보아 산에 지휘부를 설치하였다. 사울은 블레셋 군대의 규모를 보고 두려움이 앞섰다. 이때는 사무엘 선지자도 죽어 의논할 수도 없었다. 사울은 하나님께 전쟁의 대한 문제를 물었지만, 하나님은 "꿈으로도, 우림으로도, 선지자로도 그에게 대답하지 않으셨다". 사무엘은 두렵고 답답한 마음에 신접한 여인을 찾아감으로써 다시 하나님을 버리고 인본주의적 죄를 짓게 된다. 결국 이스라엘은 크게 패하였고, 사울은 포로가 되었으나 잡히기를 원치 않아 스스로 자결하였고, 그의 세 아들도 전사하고 만다(사무엘상 28, 31장). 이스라엘의 초대 왕의 종말은 실로 비참하였다. 사울은 훌륭한 잠재력과 용모를 갖추고 출발했지만 하나님의 뜻을 올바로 따르지 못하므로 그는 실패한 사람이 되었다.

3. 블레셋과의 전쟁

사울이 죽고 사무엘 선지자의 예언대로 다윗은 이스라엘의 두번째 왕으로 취임하였다. 다윗이 왕이 되었을 때, 이스라엘은 사울이 처음으로 왕으로 취임할 때 보다 나라 사정이 더욱 악화된 상태였다. 더구나 다윗은 유다 지파만의 추대로 30세에 헤브론에서 왕위에 올랐다. 이스라엘의 남은 11지파는 사울의 아들 이스보셋을 왕으로 무시고 이스라엘 왕으로서 행세하였다. 처음 2년 동안은 유다와 이스라엘 사이에 왕권을 위한 싸움이 계속되었으나, 이스보셋의 암살도 다윗이 이스라엘 12 지파의 왕이 되었다.

명실상부한 이스라엘 왕이 된 다윗에게는 블레셋이 가장 큰 문제로 대두되었다. 북방 11지파가 다윗을 왕으로 인정했지만, 이곳은 아직도 블레셋이 우세했다. 다윗이 이스라엘을 완전히 통치하려면 이들의 영향권에서 벗어나야 했다. 그런데 뜻밖에도 블레셋이 이스라엘을 먼저 침공하였다. 다윗이 유다 왕으로 있을 때는 잠잠했던 그들이 이제 왕국이 통일되자 이스라엘이 그들에게 위협이 된다고 판단하고 먼저 공격하기 위해 르바임(Raphaim) 지역으로 집결하였다.

블레셋은 사울과의 길보아 산에서의 승리를 토대로 베들레헴에 그들의 요새를 구축하고 이스라엘이 통합하지 못하도록 분단 정책을 지속하며 북방 이스라엘을 돕고 있었다. 다윗은 이 의도를 깨닫고 헤블론의 북동쪽 아둘람 굴에 요새를 구축하고 대치하고 있었다(사무엘하 23:13~14). 다윗은 르바임에 집결한 블레셋을 공격해야 한다고 판단하고, 하나님께 물어 보았다. 하나님은 "올라가라 내가 단정코 블레셋 사람을 네 손에 붙이리라"고 허락하시면서 승리를 약속하셨다. 다윗은 바알브라심 방향에서 공격하여 큰 승리를 거두었다. 추측하기에는 이 공격 방향은 블레셋이 예측하지 못한 곳으로 추정된다. 르바임 전투는 이스라엘의 큰 승리로 끝났다. 이 전투에 구체적 내용은 없지만 블레셋은 그들의 신상을 버리고 도망할 정도로 혼비백산하였다.

그러나 블레셋은 전멸되지 않았다. 이들은 다시 전열을 가다듬어 르바임에 재집결하기 시작했다. 다윗은 다시 여호와께 이들을 공격할 것인지를 물었다. 이번에도 하나님은 공격을 허락하셨다. 그런데 처음 공격처럼 올라가지 말고 다른 공격 방향을 알려주셨다. "저희 뒤로 돌아서 뽕나무 수풀 맞은편에서 저희를 엄습하라하되 뽕나무 꼭대기에서 걸음 걷는 소리가 들리거든 곧 동작하라"고 명령하셨다. 하나님은 공격 방향과 공격 신호까지도 직접 알려 주셨다. 작전은 정면 기습 작전이 아닌 후방 기습 작전이었다. 이 전투로 블레셋은 거의 전멸했으며, 도망하는 그들을 게셀 지역까지 추격하여 전과 확대 작전을 성공적으로 끝냈다. 그 후에도 블레셋과의 전투가 기록되어 있지만 비교적 덜 중요한 사건이다(사무엘하 21:15~22). 블레셋의 위협을 제거한 후 다윗은 이스라엘의 수도를 예루살렘으로 옮기게 된다.

르바임 전투에서의 승리에 대하여 다윗과 그의 부하들 사이에 단결과 충성심을 엿볼 수 있는 내용이 역대하 11장에 기록되어 있다. 블레셋이 르바임에 진치고 이스라엘을 공격하려 하자 다윗도 이들을 대항하기 위해 다윗성에 있으면서 예루살렘 고향을 바라보며 옛날 자기가 어린 시절에 마셨던 우물물을 생각하며 "누가 베들레헴 성문 곁의 우물물을 한 그릇 떠온다면 얼마나 좋을까"(17절)하고 혼잣말로 중얼거렸다. 이 말을 곁에서 듣던 삼십 두목 중 세 사람이 자신의 목숨을 아끼지 않고 블레셋 군대가 주둔하는 지역인 예루살렘에 잠입하여 우물물을 길어다 다윗에게 바쳤다. 그런데 다윗은 그 물을 마시기를 거절하고 그 물을 여호와께 부어드리고 다짐하였다.

"내 하나님이여 내가 결단코 이런 일을 하지 아니하리이다 생명을 돌아보지 아니하고 갔던 사람들의 피를 어찌 마시리이까"(19절)

부하들의 충성심도 놀랍지만, 개인적인 욕구로 부하들에 생명을 담보한 자신의 모습을 반성하며 하나님께 다짐하는 모습은 너무도 인상적이다. 하나님의 함께 하심과 이런 상관과 하급자간의 충성심과 부하를 사랑하는 마음이 이스라엘을 승리로 이끌었던 것이다.

4. 다윗을 통한 교훈

다윗은 처한 환경에서 최선을 다하였다

다윗이 사무엘 선지자를 통해 기름 부음 받기 전까지 아버지를 도와 집안 일을 하였다. 형들의 심부름도 많이 했을 것이다. 그는 형이 일곱 명이나 있었다. 그는 들판에서 양을 치면서도 악기를 다룰 줄 알았고 말도 잘하였다. 양을 지키기 위해 맹수들과 싸우는 용기도 있었다. 양에게 달려드는 맹수를 쫓기 위해 사용했는지, 또는 들판에서 무료한 시간 때문에 연습했는지는 몰라도 돌팔매질을 잘하였다. 다윗이 모든 일에 적극적이고 열심히 최선을 다하는 사람이었음을 짐작케 한다. 하나님은 그의 하프 연주 재능을 사용하여 궁중에 들어가게 하셨으며, 돌팔매 재능을 사용하여 골리앗을 물리치셨다. 우리는 준비된 여건이 주어지면 무엇이든지 할 수 있다는 생각을 하지만, 하나님은 주어진 환경에서 최선을 다하며 하나님을 의지하는 자에게 기회와 능력을 허락하신다는 진리를 깨달을 수 있다. 다윗은 목동으로서의 그의 어린 시절이 하나님을 만나고 하나님을 이해하는데 큰 영향을 미쳤다. 그는 장성하여 여호와에 대한 많은 시들을 남겼다. 대표적인 시라고 인정되는 시편 23편은 그의 삶을 단적으로 표현하고 있다.

여호와는 나의 목자시니 내가 부족함이 없으리로다
그가 나를 푸른 초장에 누이시며 쉴만한 물가으로 인도하시는도다
내 영혼을 소생시키시고 자기 이름을 위하여 의의 길로 인도하시는도다
내가 사망의 음침한 골짜기로 다닐지라도 해를 두려워하지 않을 것은
주께서 나와 함께 하심이라
주의 지팡이와 막대기가 나를 안위하시나이다
주께서 내 원수의 목전에서 내게 상을 베푸시고
기름으로 내 머리에 바르셨으니 내 잔이 넘치나이다
나의 평생에 선하심과 인자하심이 정녕 나를 따르리니
내가 여호와의 집에 영원히 거하리로다

목동일을 하던 어린 시절이 그의 인생과 삶을 얼마나 풍요롭게 했

나를 잘 표현하고 있다. 우리의 인생살이는 쉽지는 않다. 그러나 피할 수 없는 오늘의 삶을 최선을 다해 주어진 여건 속에서 충실히 살아간다면 우리의 신앙과 삶에 긍정적인 영향을 미칠 것은 분명하다. 신앙 생활을 하면서 자기에게 있는 작은 재능이 하나님의 능력으로 하나님과 민족을 위해 쓰임을 받는다면 이보다 더 큰 영광이 어디 있겠는가? 삶의 어려움을 믿음으로 극복하며, 참고 견딘다면, 그리고 맡은 일에 최선을 다한다면, 우리의 삶은 헛되지 않을 것이다.

다윗은 용감하고 인내할 줄 알았다

다윗은 어린 시절에 두번째 이스라엘 왕으로 기름 부음을 받았지만 왕이 되기까지 아마도 그가 자란 어린 시절보다도 더 오래 기다려야 했다. 다윗은 사울의 시기와 죽이려는 위협을 피해 10년 동안 광야에서 망명 생활을 했다. 왕이 되어서도 칠년 반을 헤브론에서 유다지파만을 이끄는 왕으로 묵묵히 하나님의 때를 기다렸다. 이러한 연단과 기다림은 하나님을 신뢰하는 신앙에서 나왔다. 하나님의 때를 기다리고 순종한다는 것은 인간적인 수단과 방법을 포기하는 자세를 의미한다. 사울을 누 번이나 숙일 기회가 왔지만 하나님의 뜻이 아님을 깨닫고 그를 심판하실 수 있는 분이 하나님뿐임을 인정했다.

그러나 또한 다윗은 하나님이 허락하시는 일에는 용감했다. 사울 왕 앞에서도, 목동 생활에서도, 싸움터에서도 그는 용감하고 담대하였다. 역사학자 토인비는 문명은 진정한 용기가 없으면 사라진다고 했다. 이집트 문명, 로마 문명 등의 쇠퇴 원인이 용감하지 못하고 비겁한 지도자들 때문이라는 진단이다.

이런 글이 있다. "지식에도 용기가 더해지지 않으면 위선의 도구가 된다. 사랑도 용기가 없으면 실천되지 않는다. 진리도 용기가 없으면 꽃 피울 수 없다. 대부분의 사람이 부정과 불의를 몰라서 입을 다물고 있는 것이 아니다. 단지 용기가 없을 뿐이다."

하나님께 솔직한 것이 믿음이다. 용기는 다른 말로 표현하면 정직이라고 말할 수 있다. 용기란 두려움 없는 상태를 말하는 것이 아니라 믿음으로 두려운 상태를 극복하는 것이다. 다윗도 골리앗 앞에서 두려웠을 것이다. 모세도 바로 앞에서 두려워했다. 여호수아도 모세의 후계자가 될 때 두려워했다.

"오직 너는 마음을 강하게 하고 극히 담대히 하여 나의 종 모세가 네게 명한 모든 율법을 다 지켜 행하고 좌로나 우로나 치우치지 말라 그리하면 어디로 가든지 형통하리니"(여호수아 1:7)

하나님 뜻 안에 거하며 행하는 것이 진정한 용기다. 예수님도 죽음 앞에서 두려워하셨다. 예수님은 우리를 위하여 그 두려움을 극복하셨다. 믿음의 지도자들은 용기가 있었다. 그것은 하나님이 함께 하신다는 믿음과 그들이 하는 일이 하나님의 뜻을 이루는 것임을 확신한데서 나온 행동이었다. 믿음의 사람이란 남보다 많은 용기가 있다는 것보다, 남보다 좀 더 오랫동안 용기를 간직할 수 있느냐 하는 것이다. 오래 지속하는 용기를 진정한 용기라 할 수 있고, 자기 욕심 때문에 쉽게 포기하는 용기를 비겁함이라고 말할 수 있는 것이다. 신앙은 용기와 인내의 문제이다.

6. 신약 성경이 제시하는 이 시대의 새로운 군인상

백부장 고넬료

"가이사랴에 고넬료라 하는 사람이 있으니 이달리야 대라 하는 군대의 백부장이라 그가 경건하여 온 집으로 더불어 하나님을 경외하며 백성을 많이 구제하고 하나님께 항상 기도하더니 하루는 제 구 시쯤 되어 환상 중에 밝히 보매 하나님의 사자가 들어와 가로되 고넬료야 하니 고넬료가 주목하여 보고 두려워 가로되 주여 무슨 일이니이까 천사가 가로되 네 기도와 구제기 하나님 앞에 상달하여 기억하신 바가 되었으니 네가 지금 사람들을 욥바에 보내어 베드로라 하는 시몬을 청하라 저는 피장 시몬의 집에 우거하니 그 집은 해변에 있느니라 하더라 마침 말하던 천사가 떠나매 고넬료가 집안 하인 둘과 종졸 가운데 경건한 사람 하나를 불러 이 일을 다 고하고 욥바로 보내니라… 고넬료가 가로되 나흘 전 이맘때까지 내 집에서 제 구시 기도를 하는데 홀연히 한 사람이 빛난 옷을 입고 내 앞에 서서 말하되 고넬료야 하나님이 네 기도를 들으시고 네 구제를 기억하셨으니 사람을 욥바에

보내어 베드로라 하는 시몬을 청하라 저가 바닷가 피장 시몬의 집에
우거하느니라 하시기로 내가 곧 당신에게 사람을 보내었더니 오셨으
니 잘하였나이다 이제 우리는 주께서 당신에게 명하신 모든 것을 듣
고자 하여 다 하나님 앞에 있나이다 베드로가 입을 열어 가로되 내가
참으로 하나님은 사람의 외모를 취하지 아니하시고 각 나라 중 하나
님을 경외하며 의를 행하는 사람은 하나님이 받으시는 줄 깨달았도
다"(사도행전 10:1~35)

1. 신약 성경과 군인

구약 성경의 마지막은 말라기 선지자의 예언 활동을 기록하고 있
다. 이스라엘은 바벨론 포로 생활에서 귀환한 후 예루살렘 성전을 주
전 516년에 재건하였다. 그리고 세월은 약 100년이 지났다. 그러나 학
개, 스가랴 선지자 등이 예언한 영광스런 하나님의 나라가 도래하지
않았다. 이스라엘 백성들은 영광된 하나님의 나라의 도래가 늦어지자
신앙 생활이 나태해지고, 하나님에 대해 의심하기 시작했다. 이들은
하나님의 약속을 기다리지 못했으며, 하나님을 섬기는 일이 생활의
우선순위가 되지 못했다. 이스라엘 백성은 다시 죄악의 길을 걸었다.
하나님은 말라기 선지자를 통하여 하나님의 율법에 대한 불순종과
타협적인 신앙 생활이 문제임을 분명히 하시고, 그 동안 이스라엘에
게 베푸신 하나님의 특별하신 사랑을 과거의 회고를 통해 깨닫게 함
으로써 형식적인 신앙과 비도덕적 생활을 청산하라고 강조하셨다.
말라기 선지자의 활동이 끝난 후 400년 동안은 선지자 활동이 중단
되었다. 이 시기를 '침묵시기' 또는 '암흑시대'라 한다. 이 400년 동

안의 신구약 중간사 기간 동안 이스라엘은 페르시아(B.C. 539~331),
알렉산더 대왕(B.C. 331~323)과 이집트와 시리아를 다스린 그의 후
계자들(B.C. 322~166)의 지배와 통치를 받았다. 이스라엘은 마카비
혁명을 통한 독립(B.C. 166~63)의 기간이 있었지만 평화의 기간이라
고 말할 수 없었다. 끊임없는 내전과 외국의 침략의 위협 속에 살던 유
대인에게 큰 역사의 변화가 찾아왔다.

B.C. 63년에 로마는 유대에 평화를 준다는 명목과 다른 한편으로는
세계 정복의 야심을 실현하기 위해 폼페이(Pompey) 장군이 이끄는
예루살렘에 파송하였다. 로마군단은 예루살렘을 포위한 3개월 만에
요새를 함락하고 도시 내로 진군해 들어갔다. 전하는 바에 의하면 그
는 12,000명의 유대인을 학살했다. 로마군은 성전의 지성소까지는 침
입했으나, 성전 기물에는 손대지 않고 예배를 계속 드릴 수 있도록 허
용했다. 유대는 이제 로마의 속국이 되었다.

예언이 없었던 이 침묵 기간은 드디어 "보라 세상 죄를 지고 가는
하나님의 어린양이로다"(요한복음 1:29)라고 외치는 다음 선지자 세
례 요한의 선언에 의해 깨졌다. 말라기 선지자는 이미 400년 전에 예
수님 앞에 길을 예비할 선지자가 올 것을 예언했었다.

"만군의 여호와가 이르노라 보라 내가 내 사자를 보내리니 그가 내
앞에서 길을 예비할 것이요 또 너희의 구하는 바 주가 홀연히 그 전에
임하리니 곧 너희의 사모하는 바 언약의 사자가 임할 것이라"(말라기
3:1)

하나님의 예언과 구약 성경의 메시아 출현의 언약이 실현된 것이
다. 예수님이 이 땅에 오신 시기는 이스라엘이 로마 제국의 지배 아래
있을 때였다.

우리는 역사를 창조한다고 말하지만, 역사는 하나님의 주권적 섭리 가운데 있음을 기독교인은 인정한다. 역사는 이미 과거에 있었던 일들이 그 시기에 어떤 영향을 미쳤는지 판단할 수 있으며, 또한 그후 시대에 미친 영향과 앞으로 있을 수 있는 결과를 예측해 볼 수가 있다. 예수님이 로마 제국의 지배하에 있을 때 탄생하시고 활동하시므로, 기독교가 다른 나라로 전파되는데 로마 제국이 크게 영향을 미쳤다. 로마 군인들은 예루살렘을 점령하고 있으면서 유대인들의 신앙을 억압하고 예수님을 십자가에 못 박아 죽게 하였다. 그러나 로마 군인 중에는 유대인이 섬기던 하나님을 믿는 군인들이 생기게 되었다. 이들이 어떻게 하나님을 섬기게 되었는지 구체적인 설명은 없다. 신약 성경에 나타난 군인은 5명의 로마 군대 백부장이다.

무명의 백부장이 가버나움에 주둔하고 있었다. 그런데 그의 하인 하나가 중풍병으로 고생하고 있었다. 이미 예수님은 그가 하나님의 아들이며 곧 하나님이심을 치유의 역사로 보여주고 계셨다. 그런데 가버나움에 예수님이 오셨다. 백부장은 예수님께 나아가 자기 하인이 중풍병으로 집에 누워 고생하고 있음을 말씀드렸다. 이에 예수님은 즉시 그의 집에 가서 고쳐 주겠다고 하셨다. 이때 백부장은 "주여 내 집에 들어오심을 나는 감당치 못하겠사오니 다만 말씀으로만 하옵소서 그러면 내 하인이 낫겠삽나이다"라고 말했다. 예수님은 "이스라엘 중 아무에게서도 이만한 믿음을 만나보지 못하였노라"고 칭찬하시며, 그의 하인의 중풍병을 고쳐주셨다(마태복음 8:5~13). 부하의 아픔을 안타까이 여기는 백부장의 마음과 예수님이 말씀하시면 병을 고칠 수 있다는 그의 믿음이 돋보이는 기록이다.

예수님이 십자가에 못 박혀 죽임을 당할 때 로마 군인이 주위를 경비하고 사형을 집행했다. 예수님이 운명하시자 "성소 휘장이 위로부터 아래까지 찢어지고" 땅이 진동하고 바위가 무너지고 부서지며 무덤들이 열리고, 예수님이 부활한 후에는 무덤 속에 있는 죽은 자들이 같이 부활하는 놀라운 광경이 일어났다. 이를 지켜본 로마 군인 백부장이 "이는 진실로 하나님의 아들이었도다"라고 고백하였다. 이 백부장의 고백은 "하나님의 아들"이라는 단어 앞에 정관사가 없는 것으로 미루어 신의 아들이라는 고백으로 추정되며, 기독교인이 섬기는 유일하신 여호와 하나님의 아들이라고 고백한 것인지는 분명치 않다. 그러나 예수님의 죽음을 지켜보며 자연 현상의 이변을 체험한 로마 군인들 가운데 백부장처럼 스스로에게 말하며 예수님을 메시아로 받아들였으리라는 추측은 무리가 아니다. 어쩌면 백부장의 고백은 앞으로 로마 군대에 많은 하나님을 섬기는 군인들이 생길 것을 암시한 고백처럼 들린다(마태복음 27:45~54). 실제로 예수님이 우리의 죄를 위해 죽으시므로 기독교는 급속히 확산되었다.

사도행전에는 세 명의 백부장이 소개되고 있고, 10장에 고넬료가 나온다. 22장에는 로마군인이 바울 사도를 가죽줄로 포박할 때, 바울이 그의 곁에서 천부장의 지시에 따라 이를 지휘하던 백부장에게 "너희가 로마 사람 된 자를 죄도 정치 아니하고 채찍질할 수 있느냐"(25절)고 말했다. 이 백부장은 바울을 채포하려는 임무에 참가했던 군인이다. 끝으로 율리오라는 백부장이 나오는데 그는 바울을 로마로 호송하는 책임을 맡았던 사람으로 바울에 대해서 호의적인 사람이었다(사도행전 27:1,6).

이처럼 신약 시대에는 구약 시대처럼 전쟁이 있었던 시대가 아니고 강력한 로마 제국에 의해 지배받는 시기였다. 예수님은 로마 군인들과 마찰이 있었지만, 그들의 임무 수행을 이해하는 입장을 취하셨다. 예수님을 판 유다가 군인들과 제사장들과 종들과 함께 예수님을 체포하러 왔다. 이에 제사장의 종 말고라는 사람을 베드로가 칼을 가지고 오른편 귀를 베어버렸다. 이러한 베드로의 행동을 꾸짖으시며 "검을 집에 꽂으라 아버지께서 주신 잔을 내가 마시지 아니하겠느냐"(요한복음 18:11)고 말씀하셨다. 예수님은 말고의 귀를 다시 붙여 주셨다. 예수님은 하나님의 뜻에 순종하셨으며, 이 과정에서 예수님은 관원들과 군인들의 임무 수행을 이해하는 행동을 취하신 것이다.

신약 성경에 군인들에 대한 이야기는 있어도 전쟁에 대한 기록이 발견되지 않은 것으로 인하여 기독교인이 전쟁에 참여할 수 없다고 주장하는 사람들이 역사적으로 계속 있었다. 칼빈은 이러한 문제에 언급하였는데, 이를 쉽게 정리하면 다음과 같다.

첫째, 전쟁을 하는 원인은 옛날 그대로 오늘날도 남아 있고 또 한편 국가가 자국민을 보호하려는 행동을 방해할 이유는 아무 것도 없다.

둘째, 전쟁에 대한 분명한 해답을 신약 성경에서 찾을 일이 아니다. 왜냐하면 사도들을 통해서 하나님이 기록한 신약 성경이 의도하는 바는 정치 양식을 규정한 것이 아니라, 그리스도의 영적 지배가 무엇인지를 가르치고 있기 때문이다.

셋째, 예수님이 직접 전쟁에 대한 아무런 변경을 말씀하시지 않으셨다. 만약 기독교인의 규율이 모든 전쟁을 죄로 간주한다면, "군병들도 물어 가로되 우리는 무엇을 하리이까" 라는 질문에 "사람에게 강포하지 말며 무소하지 말고 받는 요를 족한 줄로 알라"(누가복음 3:14)고 말씀하지는 않았을 것이다. 요한은 여기서 군복무를 그만 두어야 구원에 이를 수 있다고 말하지 않았다. 그러나 군인의 근무 자세에서 잔인성과 무자비성에 대해서는 경고하고 있는 것이다.

2. 고넬료와 베드로(사도행전 10장)

예수님을 따르던 제자들과 무리들 가운데는 그가 예루살렘에 들어가면 유대 민족의 지도자가 되고 로마 제국의 억압에서 구원해 줄 것이라는 생각을 가지고 뒤를 따랐다. 예수님은 가나안 혼인 잔치에서는 물을 포도주로 변화시키기도 하시고, 물위를 걷기도 하셨고, 많은 병자들을 고치시며 하나님의 아들이심을 보여 주셨다. 이스라엘은 구약 성경에서 약속하신 민족적 구원자가 예수님일지도 모른다고 생각했다. 이들의 메시아는 예루살렘에 정치적 회복을 주고 이스라엘 민족의 독립 국가를 다시 세울 수 있을 것이라고 기대하고 있었다. 그러나 예루살렘에 입성한 예수님은 비참하게 33세의 젊은 나이로 육적인 삶을 마감하였다. 그를 따르던 제자들과 무리들은 절망과 좌절로 비통해하며 흩어지기 시작했다. 예수님이 부활을 약속하시기는 했지만, 의심도 가고 또 언제 부활하실지 막연하여 허탈하기도 하고, 외롭기도 했다. 그런데 예수님이 약속대로 부활하셔서 제자들과 성도들 앞에 나타나셨다. 제자들은 신이 나서 예수님께 질문을 했다. "주께서 이스라엘 나라를 회복하심이 이때니이까?"(사도행전 1:6). 예수님은 "때와 기한은 아버지께서 자기의 권한에 두셨으니 너희의 알 바 아니요 오직 성령이 너희에게 임하시면 너희가 권능을 받고 예루살렘과 온 유대와 사마리아와 땅 끝까지 이르러 내 증인이 되리라"(사도행전 1:7~8)고 말씀하시고 나서 구름을 타시고 하늘로 승천하셨다.

오순절은 유월절 이후 50일째 되는 날로서 보리를 수확하여 그 열매를 드리는 절기이다. 이 오순절 날 예수님이 약속하신 성령이 한 곳에 모여 있는 제자들에게 임하였다. 제자들에게 성령이 임하고 권능을 받자 그들은 곳곳에 흩어져 예수 그리스도의 복음의 증인이 되어 활동하기 시작했다. 베드로는 예수님 명령대로 예루살렘과 유대와 사마리아를 다니며 복음을 전했다. 그러나 베드로는 이 지역을 다니면서도 오직 유대인에게만 복음을 전하였다. "베드로에게 역사하사 그를 할례자의 사도로 삼으신 이가 또한 내게 역사하사 나를 이방인에게 사도로 삼으셨느니라"(갈라디아서 2:8)라고 바울 사도가 고백한 것처럼 베드로는 예수 그리스도는 유대인을 위한 구세주라고 생각했다.

바울은 다메섹 도상에서 예수님의 음성을 듣고 변화되는데 특히 그는 이방인 전도자로 부름을 받게 되었다(사도행전 9:15). 그래서 베드로와 바울 사이에는 예수님의 복음을 전하는 문제에 있어 마찰이 생길지도 모르는 상황이 되었다. 이런 상황에서 가이사랴에 사는 고넬료라 하는 이달리야대 부대의 백부장의 환상과 베드로가 본 환상이 사도행전 10장에 기록되어 있다.

참고문헌

John S. Feinberg, Paul D. Feinberg, *Ethics for A Brave New World*, Crossway Books, Wheaton, Illinois, 1993.

Ed., John D. Woodbridge, 『그리스도의 대사들』(*Great Leaders of the Christian Church*), 횃불출판사.

Norman L. Geisler, 『기독교 윤리학』(*Christian Ethics*), CLC, 서울, 1991. 위거찬 역.

Leon Wood, 『이스라엘의 역사』(*A Survey of Israel's History*), CLC, 서울, 1994. 김의원 역.

M. R. De Haan, 『갈라디아서』(*Galatians*), 엠마오, 서울, 1989. 김창엽 역.

M. R. De Haan, 『율법이냐 은혜냐』(*Law and Grace*), 생명의 말씀사, 서울, 1971. 이용화 역.

R. C. Sproul, 『자유의지와 믿음』(*Willing To Believe*), 생명의 말씀사, 서울, 2000. 김태곤 역.

Warren W. Wiersbe, Meet Your Conscience, 심지출판사, Seoul, 1984. 한중식 역.

Jerram Barrs, 『핵전쟁과 평화주의』(*Who Are the Peace-Maker?*), 생명의 말씀사, 황영철 역, 1983.

Matthew Henry, 한글판 주석, 기독교문사, 1975.

이화천, 기독교의 전쟁관, 한국로고스연구원, 1988.

민경배, 한국기독교회사, 연세대학교 출판부, 1993.

전쟁사, 육군 제3사관학교 교재, 1972.

임동원, 혁명전쟁과 대동전략, 심구당, 1967.

송재공, 이스라엘 정신과 교훈, 공화출판사, 1972.